기독교 윤리로
세상을 읽다

│ 국제제자훈련원은 건강한 교회를 꿈꾸는 목회의 동반자로서 제자 삼는 사역을 중심으로
성경적 목회 모델을 제시함으로 세계 교회를 섬기는 전문 사역 기관입니다.

기독교 윤리로 세상을 읽다

초판 1쇄 발행 2009년 7월 27일
초판 6쇄 발행 2021년 10월 21일

지은이 노먼 가이슬러 · 라이언 스너퍼
옮긴이 박주성

펴낸이 오정현
펴낸곳 국제제자훈련원
등록번호 제2013-000170호(2013년 9월 25일)
주소 서울시 서초구 효령로68길 98(서초동)
전화 02)3489-4300 **팩스** 02)3489-4329
이메일 dmipress@sarang.org

ISBN 978-89-90285-88-1   03230

※ 책값은 뒤표지에 있습니다. 잘못된 책은 구입하신 곳에서 교환해드립니다.

기독교 윤리로
세상을 읽다

노먼 가이슬러 · 라이언 스너퍼 지음 | 박주성 옮김

국제제자훈련원

Love Your Neighbor: Thinking Wisely about Right and Wrong
Copyright © 2007 by Norman L. Geisler and Ryan P. Snuffer
Published by Crossway Books
a publishing ministry of Good News Publishers
Wheaton, Illinois 60187, U.S.A.

This edition published by arrangement
with Good News Publishers
through rMaeng2.
All rights reserved.

Korean Edition Copyright © 2009 by DMI Press, Seoul, Republic of Korea

본 저작물의 한국어판 저작권은 알맹2를 통하여 Good News Publishers 와 독점 계약한 도서출판 국제제자훈련원에 있습니다.
신 저작권법에 의하여 한국 내에서 보호받는 저작물이므로 무단전재와 무단복제를 금합니다.

추천사

이 책만큼 성경적이면서도 고등학생들이 이해할 수 있는 수준으로 윤리적 이슈를 충분히 다루는 책을 본 적이 없다. 이 책은 명확하고, 간결하다. 폭넓고, 성경적이며 읽기 쉽다.
- J. P. 모어랜드(Moreland), 탈봇신학교의 철학 특훈교수

매일 삶 속에서 직면하는 선택을 주의 깊게 다루는 책으로, 쉬운 해답을 찾는 사람에게는 그다지 유용하지 않을 것이다. 그러나 성경의 원칙을 실제 삶에 적용하고자 하는 사람들에게는 이 책이 도움이 될 것이다.
- 어윈 루쳐(Erwin Lutzer), 시카고의 무디교회 담임목사

이 책의 저자들은 핵심적인 철학적 질문에 정면으로 맞서면서도, 청소년과 어른들 모두가 좋아하고, 쉽게 이해할 수 있도록 썼다.
- 조쉬 맥도웰(Josh D. McDowell), 저자, 강사

이 책의 저자들은 오늘날 우리가 직면한 여러 가지 어려운 질문에 삼위일체 하나님과 '대계명'이 어떻게 대답하고 있는지 보여 준다.
- 래비 재커라이어스(Ravi Zacharias), 저자, 강사

이 책은 명확한 성경적 입장에서 이 시대의 도덕적 이슈를 자세히 다루고 있다. 거짓말, 부정행위, 도둑질과 같은 기본적인 주제와 함께 사람들이 생각하기에 보다 눈에 잘 띄는 주제도 다루고 있다는 것이 얼마나 감사한지 모른다.
- 페이지 패터슨(Paige Patterson), 사우스웨스턴침례신학교 총장

이 책이 각각의 상황에서 무엇을 믿어야 하는지 또는 어떻게 행동해야 하는지를 말해 주지는 않는다. 그러나 우선순위를 판단하는 데는 명확한 지침을 제시해 준다.
- 존 앵커버그(John F. Ankerberg), 앵커버그 신학연구원 원장

차례

1부 성경적 윤리의 토대를 세우자 _ 기독교 윤리학 개론

1 | 하나님의 본성 "영원하고, 강력하고, 무한하고, 거룩하고, 사랑이신 분" · 10

2 | 도덕성의 본질 "옳고 그름을 판단하는 기준은 무엇일까?" · 18

3 | 구약 율법 "따라야 할 율법, 버려야 할 율법을 구분해야 할까?" · 23

4 | 율법의 핵심 "사랑! 절대불변의 도덕적 기준" · 29

5 | 상대주의적 윤리관 "상황에 따라 바뀌는 도덕적 기준" · 33

6 | 절대주의적 윤리관 1 "단 하나의 기준 vs 서로 충돌하지 않는 여러 기준" · 38

7 | 절대주의적 윤리관 2 "서로 충돌하는 기준 중 하나를 선택하라" · 47

8 | 쟁점들에 직면하라 "삶의 질인가, 생명의 존엄성인가?" · 52

2부 옳고 그름을 지혜롭게 분별하자 _ 쟁점

9 | 거짓말 "좋은 의도로 한 거짓말도 죄인가?" · 60

10 | 부정행위 "결국에는, 뿌린 대로 거둔다" · 68

11 | 도둑질 "모두 그 대가를 치르고 있다" · 74

12 | 시민 불복종 "하나님의 권세와 인간의 권세가 충돌할 때" · 80

13 | 경제적 불공평 "그들을 섬기는 것이 곧 그분을 섬기는 것" · 85

14 | 동성애 "참사랑을 왜곡하는 빗나간 유혹" · 93

15 | 이성애 "울타리 안에서만 아름다운 성" · 102

16 | 포르노그래피 "도덕적 삶을 뒤흔드는 위험한 힘" · 109

17 | 결혼과 이혼 "어떤 경우에도, 이혼하는 것은 잘못일까?" · 114

18 | 자연과 환경 "아름답고 위대한 하나님의 걸작품" · 123

19 | 윤리학과 정치학 "정치에 참여하는 것이 그리스도인의 의무라고?" · 135

20 | 낙태 "산모의 신체 조직인가, 완전한 생명체인가?" · 140

21 | 안락사 "인간은 편안하게 죽을 권리가 있다?" · 151

22 | 체세포 복제 "나와 똑같은 인간이 이 세상에 존재한다!" · 161

23 | 줄기세포 연구와 다른 생물의학적 쟁점 "과학 기술이 도덕 기준을 위협할 때" · 169

24 | 사형제도 "눈에는 눈, 이에는 이?" · 177

25 | 전쟁 "때때로, 불가피한 선택을 해야 할 때도 있다" · 186

26 | 중독 "잠깐의 향락보다 영원한 기쁨으로" · 195

부록 A | 그리스도인의 자유 · 200

부록 B | 교사와 소그룹 지도자를 위한 지침 · 209

용어해설 · 217

주 · 221

제1부

성경적 윤리의 토대를 세우자
_기독교 윤리학 개론

01 하나님의 본성 02 도덕성의 본질 03 구약 율법 04 율법의 핵심 05 상대주의적 윤리관 06 절대주의적 윤리관 1 07 절대주의적 윤리관 2 08 쟁점들에 직면하라

01
"영원하고, 강력하고, 무한하고, 거룩하고, 사랑이신 분"

하나님의 본성

'신'이라는 단어는 일반적인 용어로서, 수없이 다른 문화적 배경 속에서 다양한 의미로 나타난다. 힌두교, 불교, 뉴에이지 종파와 같이 범신론적 종교에서는 '신'god을 영원한 우주와 같은 비인격적인 에너지로 규정한다. 반면, 단일신론적monotheistic 종교 기독교, 유대교, 이슬람교에서 신은 인격적이며, 신이 창조한 피조세계와는 구별되는 존재다.

이 책은 이러한 단일신론이나 유신론적인 신의 개념에 기초하여 윤리에 접근한다. 즉, 신은 그 본성상 절대적이고, 이러한 본성에 따라 도덕적 기준 역시 절대적이라는 개념이 성립되는 것이다. 따라서 이 책의 목적은 유신론이 진리라거나 기독교 신앙이 다른 형태의 유신론적 종교의 신앙보다 우월하다는 점을 증명하는 것이 아니다. 이런 개념을 확립하려면 신학이나 변증학을 공부하는 것이 나을 것이다. 이 책은 유신론, 특별히 성경적인 기독교 신앙을 진리라고 가정한다.[1]

이 책에는 하나님과 관련된 다양한 용어가 나올 것이다. 그리스도인이 성경적으로 윤리에 접근하려 한다면 먼저, 하나님의 속성을 아는 것이 중요하다. 유신론적 신의 속성은 '무한성'과 '도덕성'이라는 두 가지 범주로 나뉜다. 하나님의 무한성은 그분의 본성이나 본질과 관련된 측면이며, 하나님의 도덕성은 그분의 성품과 관련되어 있다. 이런 속성을 통해 우리는 유신론적 하나님이 어떤 존재인지 알 수 있는 것이다.

이번 장에서는 우리 이성이나 말씀을 통하여 알 수 있는 하나님의 본성을 살펴보도록 한다.

하나님의 무한성

영원성

이사야 57장 15절은 하나님을 영원으로 알려진 높은 왕국에 거하시는 분이라고 소개한다. "지극히 존귀하며 영원히 거하시며 거룩하다 이름 하는 이가 이와 같이 말씀하시되 내가 높고 거룩한 곳에 있으며." 영원한 왕국은 시간과 공간을 초월하여 존재한다. 시간은 시작점이 있으며 영원으로부터 나왔다. 영원은 하나님의 무한한 거처이다. 인간은 이러한 실재의 측면에 대해 추측할 수 있을 뿐이다. 혹은 영원을 시간 너머에 있는 더 높은 차원으로 보는 시각도 존재한다. 하나님은 자신의 본성 안에 제한되지 않으시며, 따라서 시간의 제한을 받지 않으신다. 하나님은 모든 역사를 동시에 바라보실 수 있다.

초월성

간단하게, 하나님께서 이 우주의 범위를 뛰어넘어 존재하신다는 의미다. 이 개념은 우주가 곧 신이라는 범신론적인 관점과 대조된다. 하나님은 자신과는 별개인 우주를 창조하셨다. 하나님은 우주의 물리적인 법칙에 지배를 받지 않으신다. 오히려 우주의 물리적인 법칙을 지배하신다.

내재성

하나님은 우주를 초월하실 뿐 아니라 우주 안에도 계신다.

전능성

하나님은 전능하시다. 하나님은 자신이 창조한 피조계의 주권자이시며 그 피조계 속에서 활동하실 능력과 그 안에서 일어나는 일들을 통제하실 능력을 가지고 계신다.

전지성

하나님은 모든 것을 아신다. 하나님을 놀라게 하는 일은 절대로 일어나지 않는다. 하나님은 모든 역사를 동시에 바라보고 계시기 때문에 모든 것을 알고 계신다. 하나님은 과거의 일과 미래의 일을 모두 알고 계실 뿐만 아니라 앞으로 일어날 수 있는 사건들도 모두 알고 계신다. 하나님은 앞으로 일어날 법한 선택이나 사건이 몰고 올 각각의 결과들도 모두 알고 계신다.

편재성

하나님은 지금 온 우주에 존재하지 않으신 곳이 없다.

불변성

하나님은 변하실 수 없다. 하나님은 자신의 본성을 절대로 변화시키실 수 없다. 예를 들어, 하나님은 영원히 존재하는 일을 그만두실 수 없다. 하나님은 존재하는 일을 멈추실 수 없다.

하나님의 도덕성

사랑

성경은 자주 "하나님은 사랑이시다."와 "하나님은 사랑하신다."는 내용을 반복해서 언급한다. 하나님은 자신이 창조하신 창조세계를 사랑하시며 특별히 인간을 사랑하신다.

거룩

하나님은 도덕적으로 완전하신 분이다. 하나님은 절대로 생각으로나 행동으로 죄를 범하실 수 없다. 악은 선이 결여된 상태다. 하나님은 도덕적으로 완전하시며 따라서 완전히 거룩하시다.

진리

하나님은 거짓말하지 않으신다. 하나님은 언제나 진실하게 행동하시며, 정직하게 말씀하시고, 생각과 행동이 일치하신다.

자비

하나님은 우리 죄를 항상 벌하시는 것은 아니다. 성경의 저자들은 종종 죄를 지었음에도 불구하고 자비를 구하는 기도를 드렸다. 자비는 용서와 관련되어 있다.

은혜

하나님은 우리가 복을 받을 자격이 없는데도, 우리에게 조건 없는 복을 주신다.

공의

하나님은 언제나 옳은 일을 행하실 것이다. 그분은 선을 보상하시고 악을 심판하실 것이다.

위에 소개한 하나님의 속성 중 '사랑', '진리', '공의', '거룩'은 하나님의 속성을 묘사하는 개념이며 '자비'와 '은혜'는 하나님의 속성에 부합하는 행동이다.

마지막 네 가지 속성은 논리적으로 하나님의 본성 중 '사랑'과 '거룩'에 기초하고 있는 것이다. 예를 들어, 하나님은 그분의 사랑과 긍휼 때문에 자비와 은혜를 베푸신다. 이들 속성은 갈등 없이 서로 조화롭게 공존한다.

하나님께 불가능한 일들

비록 하나님이 무한하시지만, 모든 것을 하실 수 있는 것은 아니다. 어쩌면 하나님이 하실 수 없는 일이 있다는 사실이 거북할 수도 있을 것이다. 아마도 그런 사람들은 "하나님은 모든 것을, 모든 것을, 모든 것을 하실 수 있으시네. 죄짓는 일을 제외하고는"이라는 어린이 찬양을 너무 많이 부른 것 같다.

하나님은 네모난 원을 만드실 수 없다. "하나님께서 원하시는 것은 모두 하실 수 있다."라는 말을 하기 전에, 그 말이 논리적으로 불가능함을 기억하라.

본성상 무한하다는 말은 모든 것을 할 수 있다는 의미가 아니다. 하나님이 하실 수 없는 일들은 다음과 같다.

1. 하나님은 무조건적인 언약을 깨뜨리는 것과 같은 죄를 짓지 않으신다. 하나님이 죄를 지을 것이라는 말은 그분의 거룩한 본성에 모순되고, 그것을 제한하는 말이다. 하나님은 완전히 거룩하신 분이다. 죄를 지을 수 있는 능력이 있다면 그분의 거룩함이 온전하지 않다는 것을 의미한다. 따라서 하나님은 죄를 지으실 수 없으며 악에게 시험당하시지도 않는다. 약 1:13

2. 하나님은 그분의 본성을 바꾸거나 존재하기를 그만두는 것과 같은 자신의 본성에 상충되는 행동을 하실 수 없다. 하나님의 본성은 완벽하다. 따라서 그분은 변화하실 필요가 없다. 변화의 가능성만 있어도 무한한 본성에 미치지 못한다고 할 수 있다. 이와 관련해 말라기 3장 6절은 하나님이 변하지 않으신다고 진술한다.

3. 하나님은 논리적으로 불가능한 일을 하실 수 없다. 하나님이 네모난 원이나 너무 커서 하나님도 들 수 없는 바위를 만드시는 것은 논리적으로 불가능하다. 하나님은 논리적으로 불가능한 일을 하실 수 없다. 때때로, 인간의 논리는 정확하지 않다. 그래서 하나님께서 인간의 논리에 어긋나는 일을 하시는 것 같을 때가 있다. 그러나 실제로 하나님은 논리적이시다. 실수하는 것은 인간이다.

하나님께도 불가능한 일이 존재한다는 사실 때문에 우리가 하나님을 낮추어 보아서는 안 된다. 오히려 우리는 이런 제한사항 때문에 그분을 더욱 신뢰할 수 있다. 비록 인간이 하나님의 뜻을 모두 파악할 수는 없지만 하나님이 인간에게 자신을 계시한 범위 내에서는 이성적으로 이해할 수 있다.

결론

유일신 하나님은 영원하시고, 강력하시고, 무한하시고, 거룩하시고, 사랑이시다. 그분은 피조물들과 구별된다. 그분의 본질 혹은 본성은 변할 수 없다. 그것은 절대적이다. 하나님의 본성으로부터 윤리학의 도덕적 규칙a moral code이 나왔다면, 그것 역시 절대적일 것이다. 하나님은 논리적으로 불가능한 일을 하시거나 죄를 지으시거나 존재하기를 그치는 것과 같이 그분의 본성과 모순되는 일을 하실 수 없다.

토론과 적용

1. 이 장에서 하나님의 속성들을 살펴보며 영감을 얻었는가, 아니면 두려움을 느꼈는가?

2. 하나님께 불가능한 일이 있다는 사실이 새로운 개념이었는가?

3. 다음 중 하나님의 활동이 아니라 하나님의 무한하신 본성과 관련된 것에 동그라미 해보라.

영원성	공의	사랑
거룩성	자비	내재성
전지성	초월성	진리
불변성	전능성	은혜

02

"옳고 그름을 판단하는 기준은 무엇일까?"

도덕성의 본질

오늘날 사람들은 도덕성과 관련하여 다음과 같은 의문을 품고 있다.

- 옳고 그름이 존재하는가?
- 어떤 일이 늘 옳거나 늘 그르다고 말할 수 있는가?
- 100년 전보다 오늘날 도덕적으로 살아가는 것이 더 어려운가?
- 인간의 독특한 문화에 따라 옳고 그름을 판단하는 기준이 달라지는가?

이런 질문에 대한 대답은 하나님과 진리의 본성에 관련된 것이다. 하나님의 본성은 변하지 않는다는 점에서 절대적이다. 따라서 하나님의 도덕적인 속성들 사랑, 진리, 거룩, 자비, 은혜, 공의은 절대적이다. 예를 들어, 사랑은 절대적으로 옳다. 거룩은 절대적으로 옳다. 은혜와 자비를 베푸는 것은 도덕적으로 합당하다. 공의justice는 정의righteousness와 동의어다. 정의는 옳다.

하나님의 속성은 두 가지 계시를 통해 나타난다. 첫째, 성경이 그것을 선포하며 둘째, 자연이 그것을 드러낸다. 이 계시를 통해 인간의 양심은 옳고 그름을 분별할 수 있다. 철학자들은 옳고 그름을 분별할 수 있는 인간 고유의 감각을 도덕법the moral law이라 말한다. 이것은 C. S. 루이스가 무신론에서 기독교 신앙으로 회심하게 된 주요 원인 가운데 하나다. 그는 다음과 같이 기록했다. "지구 위에 사는 인간은 누구나 일정한 방식으로 행동해야 한다는 기묘한 생각을 갖고 있으며, 그 생각을 떨쳐 버리지 못한다는 점입니다."2) 이것은 도덕적 기준이 인간 외부에 존재한다는 흥미로운 생각이다. 어떤 것을 측정하려면 기준을 사용할 수밖에 없다. 줄자나 다른 사람의 키를 기준으로 자신의 키를 가늠할 수 있는 것처럼.

사람은 어떻게 본능적으로 옳고 그름을 알게 되는 것일까? 인간이 옳고 그름을 분별하기 위해서는 인류를 초월해 있거나 인간과는 별개인 객관적 기준이 필요하다. 입법자 없이 법은 존재할 수 없다. 이런 증거를 통해 우리는 절대적 도덕법이 존재한다는 사실과 도덕법을 제정하신 하나님이 존재한다는 사실을 알 수 있다.

도덕법이 존재한다는 증거는 매우 명백하여 어떤 과학자들은 인간의 행동을 다스리는 어떤 유형의 유전자가 있을 것이라고 주장하기도 했다.3) 이것은 새들이 겨울에는 남쪽으로, 여름이 되면 다시 북쪽으로 날아가는 본능과는 다른 것이다. 동물의 본능은 지속적으로 동물의 행동을 지배한다. 그러나 인간은 스스로 무엇이 옳고 그른지 알지만, 항상 자신이 아는 대로만 행하지는 않는다.

  살인은 하나님의 본성에 위배되기 때문에 절대적으로 잘못이다. 예를 들어, 무고한 사람의 생명을 빼앗는 것은 사랑이 아니며, 무자비한 것이고, 공의롭지 못한 것이다. 사랑하는 것과 공의로운 것이 절대적으로 옳기 때문에 살인하는 것은 절대적으로 그른 것이다. 도둑질하거나 누군가의 배우자와 간음하는 것 또한 사랑이 아니다. 물론 하나님께서는 각 피조물의 생명을 다스리는 주권자이시기 때문에 생명을 취할 권리를 가지고 계신다.욥 1:21 그러나 우리는 생명을 창조하지 않았기 때문에 생명을 취할 아무런 권리도 없다.

  하나님께서는 도덕적인 존재들이 지켜야 할 규칙의 목록을 독단적으로 만들지 않으셨다. 절대적으로 옳거나 그른 것으로 인식되는 도덕 기준들은 그분의 완전무결한 본성으로부터 흘러나온다. 만약 필연적으로 하나님의 본성에서 흘러나오지 않는 규칙이 있다면, 그것은 절대적인 것이 아니다. 절대적 도덕absolute moral idea과 상대적 규칙rule의 차이점은 제3장 "구약 율법"에서 더 자세히 다루게 될 것이다.

  이 책에서 다루게 될 윤리 체계는 완전무결한 하나님의 관점과 진리에 근거한 것이다. 우리는 이 책에서 성경과 문화의 관점에 비추어 다양한 쟁점들을 토론하게 될 것이다. 이런 쟁점들 가운데 몇 가지는 수월하게 다룰 수 있을 것이다. 왜냐하면 그 쟁점이 하나님의 도덕적 속성과 아주 밀접하고 성경에서도 그 문제를 다루고 있기 때문이다. 반면, 어떤 쟁점들은 명확하게 판단하기는 어렵지만 성경적 원칙과 상식을 통해 점검할 필요가 있는 것들이다. 그러나 어떠한 문제이든 간에, 하나님의 본성과 충돌하는 견해는 부정확하거나 틀린 것으로 쉽게 결론 내릴 수 있다.

요약

어떤 도덕적 관점의 옳고 그름을 판단하기 위해서는 그 입장이 하나님의 본성과 명확하게 일치하는지 혹은 충돌하는지 살펴보아야 한다. 반면, 문화적인 선호나 의무에 따라 옳고 그름을 판단할 수 있는 주제들도 있다.

100년 전보다 오늘날 도덕적인 삶을 살기 어렵다는 생각은 잘못된 것이다. 어느 문화 속에서든 그 누구도 완전히 거룩한 삶을 살았던 적은 없었다. 차라리 도덕적으로 살아가기 위해 하나님의 뜻이 무엇인지 질문하는 편이 나을 것이다. 이 질문을 해결하기 위해서는 성경적 원칙을 세우고 윤리학을 연구해야 한다. 그리스도인으로서 무엇이 옳고 그른지를 인식하고, 스스로 완전해질 수 없다는 사실을 아는 것이 하나님의 뜻을 발견하는 첫걸음이다.

토론과 적용

1. 왜 오늘날 많은 사람들이 도덕적 진리의 절대성을 거부하는가? 사람들이 절대적인 도덕적 진리를 거부하는 경향에 미디어는 어떻게 기여하고 있는가?

2. 동성애나 도박과 같은 구체적인 쟁점의 경우, 다양한 의견들이 존재한다는 점을 지적하면서 도덕법의 존재를 부정하는 사람도 있을 것이다. 그러나 살인, 성폭행, 도둑질과 같은 문제들을 생각해 보라. 문화에 따라 살인에 대한 구체적인 정의는 약간씩 차이가 있겠지만, 모든 문화는 살인을 나쁜 것으로 생각한다. 성폭행과 도둑질도 마찬가지다. 사람들은 본능적으로 정직이 속임수보다 더 낫다는 사실을 안다. 만약에 도덕법 같은 것이 존재하지 않는다면, 어떤 기준에 근거해 어떤 행동이 어떤 다른 행동보다 더 낫다고 말할 수 있는가?

3. 당신 자신의 개인적인 삶 속에서 가장 중요한 도덕적 진리들은 무엇이라고 생각하는가? 가정에 관련된 것은 무엇인가? 사회에 관련된 것은 무엇인가?

4. 도덕성에 대해 가르치는 교회나 다른 기관이 없다면, 사회가 어떻게 될지 생각해 보라.

03
"따라야 할 율법과 버려야 할 율법을 구분해야 할까?"

구약 율법

    1950년대나 그 이전에 자라난 대부분의 미국 사람들은 법정과 학교 교장실, 그리고 다른 공공장소에 십계명이 자랑스럽게 걸려 있었던 장면을 기억할 것이다. 그러나 1960년대로 들어서자 미국 사회에는 여러 가지 변화가 일어나게 되었다. 그 중에는 인종 평등을 외치는 주장처럼 사회를 올바른 방향으로 이끄는 긍정적인 변화도 있었다.

    그러나 오늘날 많은 복음주의자들이 1960년대 세대를 비난하고 있다. 모든 공공 기관과 정부 후원 기관에서 십계명을 일부 떼어 냄으로써 사회에서 하나님을 몰아냈다는 것이다. 그후 이 논쟁은 다시 타올랐다. 앨라배마 주 대법원의 로이 무어Roy Moore가 2,395kg 화강암에 자랑스럽게 새겨진 십계명을 법정에서 치우는 일을 반대하고 나선 것이다. 대다수 미국인들은 자신들이 종교를 강요받지 않는 이상, 공공장소에서 종교가 드러나는 현상을 불편하게 생각하지 않는다. 그러나 영향력 있는 대다수 미국인들은 주 정부와 교회를 분리하여 법원이나 공립학교, 다른 공공건물에 종교를 공식적으로 드러내지 않아야 한다고 생각한다.

십계명은 구약성경 출애굽기 20장에 나온다. 십계명은 하나님과 인간의 관계와 인간들 사이의 관계를 다룬다. 다른 세상 종교들도 십계명의 내용을 대부분 지지한다. C. S. 루이스는 십계명이 전 역사를 통틀어 주요 문화에서 보편적으로 수용되어 왔다고 강력히 주장한다.[4] 인류 역사를 통틀어 대부분의 사회에 십계명과 아주 유사한 윤리적 규칙이 있다는 주장은 사실이다. 그러나 모든 개인이 십계명과 같은 규칙에 동의하는 것은 아니다.

어떤 사람들은 구약의 율법 체계를 구축하기 위해 하나님이 다스리는 신정 정치를 확립해야만 한다고 지적한다. 구약에는 사형에 해당하는 죄가 약 스무 가지 있었다. 이런 죄에는 살인, 주술, 동성애, 신성모독, 반역과 같은 것이 포함되었다. 그 당시에는 돼지고기나 제물로 드린 짐승의 고기를 먹지 않고, 사체를 만지지 않고, 안식일에 일하지 않는 등 오늘날의 세계에는 적용하기 어려운 율법도 있었다. 그렇다면 그리스도인들은 율법 중 지켜야 할 부분과 무시해야 할 부분을 신중히 선택해야 하는가?

그것은 적절하지 않다. 구약 율법은 역사의 특정한 시기, 특정한 사람들을 위한 규정이었다. 기독교 교리는 예수 그리스도께서 모세의 율법을 완성하셨다고 가르친다. 초대 교회 기독교 지도자들은 때때로 그리스도인의 자유라고 불리는 새로운 견해를 확립했다.[5] 그리스도인들은 성경에서 자신의 윤리적 견해에 가장 잘 부합되는 부분을 임의로 선택해서는 안 된다. 그리스도인들은 그렇게 할 필요가 없다. 왜냐하면 예수님이 우리에게 더 나은 길을 보여 주셨기 때문이다. 더 나은 길에 대해서는 다음 장에서 다루게 될 것이다.

성도들 사이에서 율법에 관한 의견이 일치하지 않는 이유는 대부분 무지 때문이다. 구약 율법은 실제적으로 구원자 예수님께서 오시기 전에 하나님께서 유대인들에게 허락하신 복잡한 규칙과 의식이다. 이런 규칙과 의식 중 많은 부분은 개인의 정결을 위해 필요했다. 어떤 규칙과 의식은 하나님 자신을 상징하기도 했다. 예를 들어, 성전의 목적과 성전과 관련된 의식은 예수님께서 십자가에서 돌아가심으로써 성취되었다. 성전과 성전에 관련된 의식은 우리가 하나님께서 주시는 용서와 자비가 필요하다는 사실을 이해하도록 시각적이고 실제적인 가르침을 준다. 그리스도께서 율법을 완성하셨으니 오늘날 구약 율법이라는 고문서가 우리에게 무슨 소용이 있는가?

다른 견해들도 존재한다. 비록 구약에 기록된 613개 명령의 대부분이 구약 시대 이스라엘을 향해 주신 일시적인 것이지만, 상당 부분 하나님의 절대불변의 본성에 기초하고 있다. 예를 들어, 살인한 사람은 사형에 처해야만 한다는 계명을 살펴보자. 비록 하나님이 오늘날 반드시 모든 살인자들을 사형에 처하라고 말씀하시지는 않지만, 여전히 살인은 나쁜 것이라고 말씀하고 계신다. 하나님의 형상으로 창조된 '무고한' 한 사람의 생명을 빼앗는 것은 정말 나쁜 일이다. 남자가 여자를 성폭행하거나 어린아이에게 치근거리는 것은 정말 옳지 못한 일이다. 표 3.1은 이러한 율법의 다양한 측면들을 요약하고 있다.

〈표 3.1〉 모세 율법의 여러 측면

	시민법	의식법	도덕법
율법의 유형	동성애자를 돌로 쳐 죽이고 도둑질한 것을 일곱 배나 갚아야 함	성전 제사, 청결법	거짓 증언하지 말라, 남의 것을 탐하지 말라, 살인하지 말라, 간음하지 말라.
적용 가능성	도덕법의 구체적인 적용, 적용은 절대적이지 않고 구약에서 신약으로 변화함	그리스도를 통해 성취됨	절대불변의 기준, 하나님의 변하지 않으시는 본성에 기초함

도표가 설명하고 있는 것처럼, 구약 율법의 세 가지 카테고리 중에서 단 하나만이 절대불변하는 기준이다. 더구나 '도덕' 법 아래 속하는 견해들은 구약성경에만 있는 독특한 것들이 아니다. 도덕법의 항목들은 세상의 다른 종교들의 경전과 신약성경 속에서도 많이 발견된다. 그런 견해들은 대부분의 사람들에게 상식이 되었다. 사람들은 성경을 전혀 읽어 보지 않았음에도 불구하고, 이런 계명을 어길 때 죄책감을 느낀다.

십계명은 하나님의 도덕법을 요약한 것에 가깝다. 예수님은 안식일을 기억하라는 네 번째 계명을 제외한 모든 계명을 신약성경에서 반복하셨다. 유대인의 안식일은 역사의 특정 시기를 위해 만들어졌다. 그러나 안식일의 원칙은 남아 있다. 우리도 삶 속에서 예배드리는 시간을 구분하여 오락을 제쳐 둘 때가 있다. 국가 정부가 이런 견해를 승인해야만 하는지 아니면 그 나라에 속한 시민들이 이런 견해를 따르도록 규정해야 하는지는 다른 장에서 다룰 것이다.

구약성경에 세 종류의 법이 있었고, 그 중 한 종류는 구속력이 있고 다른 두 종류는 구속력이 없다고 생각하는 실수를 저지르지 않도록 조심해야만 한다. 구약 율법은 단 하나밖에 없다. 신구약성경 어디에서도 율법의 세 가지 측면을 명확하게 구별하지 않는다. 사실, 이런 구별은 성경을 연구하는 사람들이 찾아낸 것이다. 전체적인 율법law의 체계는 그리스도께서 자신의 삶과 죽음과 부활을 통해 율법Law을 완성하셨을 때 폐지되었다. 그러나 그 체계의 일부분은 하나님의 변하지 않는 도덕적 본성에 기초하고 있기 때문에 윤리적이든, 종교적이든, 정치적이든 간에 어떤 체계도 초월한다. 하나님의 변하지 않는 본성을 반영하는 이런 동일한 기본적인 도덕법이 모든 사람의 마음에 새겨져 있고롬 2:12-15, 미국 독립선언문에도 '자연의 하나님'Nature's God에서 나온 '자연의 법칙' Nature's Laws이 기록되어 있다.

토론과 적용

1. 모세오경에서 율법의 각 측면에 해당하는 한 가지 예를 찾아보라.

   a. 시민법 :
   b. 의식법 :
   c. 도덕법 :

2. 바울 사도는 로마서 2장 14-15절에서 하나님께서 하나님의 법을 사람들의 마음에 새기셨고, 사람의 양심이 그것을 증거한다고 기록했다. 보편적으로 사람들의 마음에 도덕법이 새겨져 있다는 사실을 증명하는 세 가지 목록을 기록하고 설명해 보라.

   1.

   2.

   3.

3. 미국의 공공장소에 게시된 십계명을 없앤 일이 미국의 도덕성에 어떤 영향을 끼쳤는지 다섯 가지 목록을 작성해 보라.

   1.

   2.

   3.

   4.

   5.

04
"사랑! 절대불변의 도덕적 기준"

율법의 핵심

한 바리새인이 예수님을 시험하고자 이렇게 질문했다.

"선생님 율법 중에서 어느 계명이 크니이까 예수께서 이르시되 네 마음을 다하고 목숨을 다하고 뜻을 다하여 주 너의 하나님을 사랑하라 하셨으니 이것이 크고 첫째 되는 계명이요 둘째도 그와 같으니 네 이웃을 네 자신같이 사랑하라 하셨으니 이 두 계명이 온 율법과 선지자의 강령이니라." 마 22:36-40

그들은 그동안 그럭저럭 외적 기준들을 잘 지켜 오며 자신의 영성에 안주하고 있던 율법주의자들이었다. 예수님은 그런 그들에게 핵심을 가르치려 애쓰고 계셨다. 성경에서 말하는 거룩함은 엄격한 기준이 아니었다. 정직한 마음은 하나님을 사랑하면서 동시에 두려워한다. 엄격하고, 독단적인 기준들은 율법주의legalism와 "화인 맞은" 양심 딤전 4:1-5, 영적으로 연약한 상태롬 14장, 고전 10장와 밀접하다. 그럼에도 불구하고, 아무도 예수님이 '느슨한' 기준을 가지고 있다고 고발할 수 없다. 예수님은 율법에서 중요한 가르침을 실천하는 데 내면적 동기가 중요함을 강조하심으로써 실제적으로 그 기준을 더 높이셨다. 예수님에 따르면, 미워하는 것은 살인하는 것과 같고, 음욕을 품는 것은 이미 마음으로 간음한 것이다. 마 5:21-22, 27-28

예수님은 행동 그 자체보다도 내면의 동기를 지속적으로 강조하셨다. 따라서 예수님의 두 가지 위대한 명령을 생각해 본다면 십계명의 핵심이 무엇인지 명확해진다. 율법의 핵심은 사랑이다. 하나님을 정말로 사랑하는 사람은 하나님을 예배할 것이고, 하나님의 이름을 모독하지 않을 것이며, 하나님의 성소에서 우상을 숭배하지 않을 것이다. 자기 이웃을 진정으로 사랑하는 사람은 살인하거나, 도둑질하거나, 이웃의 아내와 간통하거나, 이웃의 소유를 탐하지 않을 것이다. 자기 부모를 사랑한다면 마땅히 그들을 공경할 것이다.

"율법을 지키기 위해" 긴 규칙의 목록을 다 수행하려 한다면, 그것을 모두 지키는 것이 불가능함을 금방 깨닫게 된다. 어떤 사람은 좌절하여 무정부 상태나 무법 상태에 빠지기도 한다. 다른 사람은 자신의 실패를 보고 왜 예수님께서 자신의 죄를 위해 십자가에서 돌아가셔야만 했는지 더 깊이 이해한다. 십계명과 같이 기록된 법이든 모든 인류의 마음에 각인된 법이든 간에 법 때문에 모든 사람은 죄책감을 경험한다. 우리는 더 길고 더 엄격하고 '거룩한' 기준을 지킴으로써 죄책감을 극복하려고 노력하기보다는, 하나님 앞에서 우리의 죄를 인정하고, 그리스도께서 십자가 위에서 이루신 일을 의지해 용서를 구하며, 하나님과 사랑의 관계를 맺도록 추구해야만 한다.

우리의 부족함을 깨닫기 위해, 옳고 그름을 분별하는 것은 중요하다. 그러나 거룩함은 선행을 통해서 이루어지지 않는다. 그것은 하나님과의 관계를 통해 이루어진다. 하나님께 더 가까이 가면, 자연히 선을 행하게 될 뿐만 아니라 선을 행하고 싶어진다. 사랑은 모든 도덕적 선택에 올바른 동기로 작용한다.

사랑은 하나님과 밀접한 절대불변의 도덕적 기준이다. 하나님과 모든 인간은 목적을 위한 수단이 아니라 목적 자체로 여겨져야만 한다. 다른 말로 하면, 행복해지거나 부요해지거나 안전해지고자 그리스도인이 된다면 하나님을 사랑하는 것과 아무런 상관이 없다. 지옥에서 벗어나기 위해 그리스도인이 된다면 하나님을 목적을 위한 수단으로 이용하는 것이다.

하나님을 사랑하는 것은 하나님을 욕망과 칭찬의 대상으로 모시는 것이다. 하나님을 사랑한다는 것은, 그분께 집중하고 그분을 알아 가는 것을 의미한다. 사람들을 사랑한다면 개인적인 유익을 위해 사람들을 이용하지 않는다. 정말 사랑한다면, 자신이 사랑하는 사람이 행복하며 기뻐하기를 원한다.

사랑의 가장 위대한 예는 희생이다. 하나님은 인류를 사랑하셨기 때문에 자신의 독생자를 기꺼이 희생하고자 하셨다. 육체의 아버지도 자기 자녀를 위해서라면 기꺼이 희생할 것이다. 우리는 이와 같은 열정적인 사랑으로 하나님과 다른 사람들을 사랑해야만 한다. 이것은 자신의 행복

대신 사랑하는 대상의 행복을 기꺼이 택하는 열렬한 충성이다. 이런 사랑은 최고의 사랑이신 하나님Ultimate Lover과 관계를 맺게 될 때 가능하다. 요한일서 4장 19절은 이렇게 말씀한다. "우리가 사랑함은 그가 먼저 우리를 사랑하셨음이라."

토론과 적용

1. 고린도전서 13장을 읽으라. 오늘날 사회에서 널리 유행하고 있는 값싼 모조품 사랑과 고린도전서 13장에서 이야기하는 사랑을 비교해 보라. 두 가지 목록을 만들어 보라. 고린도전서 13장이 제시하는 사랑의 방식과 세상이 말하는 사랑의 방식을 목록을 통해 비교해 보라.

2. 당신은 당신을 사랑하는 사람과 결혼하겠는가, 아니면 당신을 이용하기만 하는 사람과 결혼하겠는가? 그렇다면, 하나님께서는 하나님을 향한 당신의 사랑을 어떻게 생각하실 것이라고 생각하는가? 하나님을 향한 사랑 안에서 당신은 어떻게 자라갈 수 있는가?

─── 05 ───
"상황에 따라 바뀌는 도덕적 기준"

상대주의적 윤리관

윤리에 대한 다양한 접근법은 여섯 가지 범주로 요약될 수 있다. 그 중에 두 가지는 진리를 상대적으로 바라보는 관점에 기초하고 있다. 이러한 '상대주의적 윤리관'은 문화나 인종이나 성별이나 역사의 시점 등 상황에 따라 진리가 변할 수 있다는 관점이다. 반면 뒤에서 살펴볼 절대주의적 윤리관에서는 진리를 변할 수 없는 것으로 간주한다.[6]

이 장에서는 먼저 두 가지 상대주의적 윤리관을 살펴본 후 각각에 대해 몇 가지 비판을 할 것이다.

상대주의적인 윤리관은 절대불변의 신적 기준보다 인간의 판단을 우선한다. 따라서 이 두 가지 접근법은 사실상 주관적이다. 이들 접근법을 수용하는 사람들은 보통 무신론적이면서이거나 인본주의적인 세계관을 가지고 있다. 이 두 가지 관점은 표 5.1에 요약되어 있다.

〈표 5.1〉 **상대주의적 윤리관**

도덕률 폐기론 (道德律廢棄論, Antinomianism)	일반주의 (Generalism)
아무런 도덕법도 존재하지 않는다.	몇 가지 일반적인 법이 존재하지만 절대적인 법은 존재하지 않는다.

도덕률 폐기론

도덕률 폐기론'법에 반대함'은 옳고 그름을 구분하지 않는다. 도덕률 폐기론은 어떤 도덕법도 허용하거나 인정하지 않는다. 거짓말과 같은 개별적인 윤리는 옳지도 그르지도 않다. "도덕률 폐기론은 윤리적 상대주의의 과격한 형식이다. 이 관점은 타당한 절대불변의 윤리적 기준이 존재한다는 사실을 부인할 뿐만 아니라 구속력 있는 도덕법도 부인한다."7)

그러나 이 관점은 어떤 절대불변의 기준도 존재하지 않는다는, 또 다른 절대적인 주장이다. 절대불변의 기준은 절대로 존재하지 않는다는 또 하나의 절대적인 기준을 세우는 것이다. 이런 점에서, 도덕률 폐기론은 자기모순에 빠진다. 두 가지 상반되는 관점을 모두 옳다고 인정하는 셈이 되므로 비논리적이다. 어떻게 두 개의 모순되는 견해가 동시에, 그리고 동일한 의미에서 옳을 수 있는가?이 부분은 9장에서 보다 자세히 다룬다.

도덕률 폐기론은 비논리적일 뿐만 아니라 실제적이지도 않다. 도덕적 행동을 유도하는 몇 가지 제한사항 없이는 어떤 사회도 제대로 기능할 수 없다. 윤리적인 법이 없는 사회는 도덕적 무정부 상태에 빠지게 될 것이다. 무정부 상태는 커다란 혼란을 낳는다. 반드시 질서를 회복하려는 개인이나 그룹이 생겨날 것이다. 그 혼란에서 빠져나오기 위해서는 결국 아주 작은 자유만 허용하는 전제적인 체제가 등장할 가능성이 높다. 그런 다음 이 전제적인 체제는 그 자체의 도덕성을 강요하려고 시도할 것이다.

성경적 관점에서 볼 때, 도덕률 폐기론은 패역한 마음이 동기가 되어 나타난 것으로 보인다. 성경은 무법한 것을 "적그리스도의 영"과 연결시키고 있다. 요일 4:3과 살후 2:3을 보라. 따라서 도덕률 폐기론은 결코 그리스도인에게는 실용적인 윤리적 대안이 될 수 없다.

일반주의

일반주의는 오늘날 가장 보편적으로 나타나는 윤리적 접근법 중 하나다. 이 관점에 따르면, 일반적인 법이 확립되는 것은 실제적인 목적을 위해서다. 이런 법은 더 나은 세상을 만들기 위해 반드시 따라야 하는 구속력 있는 도덕적 원칙이다. 그러나 여전히 이런 원칙들이 절대적인 것은 아니다. 이런 원칙은 특정 문화 속에 살아가는 사람들의 상황에 따라 변할 수 있다. 따라서 일반주의자들은 가장 많은 사람들에게 유익을 주는 법을 선호한다. 특정 법의 가치는, 그 법의 결과에 따라 결정된다. 법 그 자체에는 어떤 본질적인 가치도 없다. 다른 말로 하면, 법은 옳고 그름을 분별하기 위해 만들어지는 것이 아니라 사회가 제대로 기능하기 위해 만들어진다. 이것은 공리주의적인 접근법이다. 가장 많은 사람들에게 가장 많은 선을 계속하여 가져다주는 것이 곧 옳은 것으로 규정된다.

그리스도인들은 일반주의를 경계해야 한다. 절대불변의 기준이 없는 일반주의는 자칫 도덕률 폐기론으로 나갈 가능성이 있기 때문이다. "언제 어느 때든지 모든 사람에게 구속력을 발휘할 수 있을 정도로 본질적 내용을 갖고 있는 객관적인 도덕 규범들이 존재하지 않는다면, 그 어떤 시기의 그 어떤 행동이라도 정당화할 수 있을 것이다."[8] 이 관점에는 "어떤 행동을 할 때 무엇을 기초로 삼아야 할 것인가?"라는 의문이 발생한다. 다수의 선을 위해서라면, 다수를 위한 선을 구분하는 기준이 무엇인가? 그리고 그것이 왜 소수를 위한 선이 될 수 없는가?

토론과 적용

1. 직원들을 위한 규율이 전혀 없는 소매점에서 물건을 구입한다고 상상해 보라. 직원들은 출근하고 싶을 때 출근해서 원할 때면 언제든지 퇴근할 수 있다. 원하는 복장으로 일할 수도 있다. 소비자에게 내키는 대로 무슨 말이라도 할 수 있다. 당신에게 도움을 주거나 구입한 물건을 계산하지 않으려 할 수도 있다. 그런 가게가 사업체로서 아주 오래 버티지는 못하겠지만, 물건을 구입하는 손님인 당신은 어떤 문제를 겪게 되겠는가? 일터에 윤리적 기준을 세우는 것이 더 나은 사회를 이루는 데 이바지할 수 있는가? 도덕률 폐기론자들이 아무런 시민법도 없

는 사회를 지지하는 것은 아니지만 그들은 객관적인 도덕법들이 존재하지 않는 사회를 지지한다. 이러한 사회에 어떤 커다란 혼란이 발생할 수 있겠는가?

2. 도덕률 폐기론보다는 일반주의가 사회 속에서 더 잘 기능할 것 같아 보인다. 그러나 도덕법에 그 어떤 객관적인 기초도 존재하지 않는다면, 결과적으로 일반주의에 기초한 사회에는 어떤 일이 발생할 수 있겠는가?

3. 서구 문화가 어떤 면에서 일반주의의 윤리학적 접근법과 닮아 있는가?

추천도서
· 노먼 가이슬러, 『기독교 윤리학』(기독교문서선교회, 2003).

06
"단 하나의 기준 vs 서로 충돌하지 않는 여러 기준"

절대주의적 윤리관 1

지금부터 살펴볼 윤리관들의 공통점은 적어도 하나 이상의 절대불변의 기준에 기초하고 있다는 점이다. 이론적으로 이 절대불변의 기준들은 객관적인 기준이다. 행동이나 생각은 객관적인 기준에 따라 옳든 그르든 둘 중 하나로 규정된다. 유대-기독교 세계관은 신의 계시라는 절대불변의 기준에 기초하고 있다. 복음주의적 그리스도인들은 하나님의 계시인 성경에 윤리적 기초를 두고 있다. 성경을 믿는 공동체 안에서는 이 책에서 다루는 많은 논쟁점에 상당수 견해가 일치할 것이다. 그러나 이런 윤리적 기준들을 사회에 적용할 방법에 관해서는 종종 의견이 일치하지 않는다. 표 6.1은 절대주의자의 윤리관 네 가지를 요약하고 있다. 먼저 소개하는 두 개의 입장을 이번 장에서 다루게 될 것이다. 대부분의 복음주의자들은 뒤의 세 가지 범주 가운데 하나에 속한다.

〈표 6.1〉 **절대주의적 윤리관 I**

상황주의 (Situationism)	무조건적 절대주의 (Unqualified Absolutism)	상충적 절대주의 (Conflicting Absolutism)	차등적 절대주의 (Graded Absolutism)
단 하나의 절대불변의 기준이 있다. 그것은 사랑이다.	절대로 서로 충돌하지 않는 절대불변의 기준들이 많이 있다.	때때로 절대불변의 기준들은 서로 충돌한다. 그리고 그 절대불변의 기준 가운데 어느 것 하나라도 불순종하는 것은 잘못이다.	때때로 절대불변의 기준들은 서로 충돌한다. 이 경우에는 더 높은 법을 따라야 한다.

상황주의

"상황주의라는 단어의 어감과는 반대로, 이 단어는 완전히 규범 없는 윤리는 아니다. 상황주의의 가장 강력한 지지자 중에 한 사람인 『상황 윤리』Situation Ethics, 종로 서적의 저자 조셉 플레처Joseph Fletcher에 따르면, 상황주의는 율법주의legalism와 도덕률 폐기론antinomianism이라는 두 극단 사이에 위치한다. 도덕률 폐기론자들은 아무런 법도 가지고 있지 않고, 율법주의자는 모든 사항에 대해 법을 가지고 있다. 그리고 플레처의 상황주의는 단 하나의 법만 가지고 있다."[9] 상황주의에 관해 저술한 사람은 많지만, 그 중 플레처의 입장이 가장 대중적이다.

상황주의자들은 예수님을 인용하기도 한다. 하지만 예수님은 하나님을 사랑하고 이웃을 사랑하라는 두 계명 한 계명이 아니다. 이 온 율법과 선지자의 강령이라고 말씀하셨다. 상황주의자들은 진정한 가치를 지니고 있는 존재는 사람이라고 본다. 물건은 사람이 매기는 값에 따라 그 가치가 정해진다. 따라서 가치를 지닌 사람을 애정을 기울여 대우해야만 한다. 상황주의자들은 또한 사랑을 실천할 수 있는 방안을 찾는다.

 상황주의는 사랑을 한 가지 절대불변의 기준으로 확립한다는 차원에서 절대주의의 한 형식이다. 그러나 모든 윤리적 기준이 사랑과 관련되어 있고, 사실 그 사랑이라는 것은 결국 공허한 개념이라는 점에서 상대주의다. 우리는 모든 윤리적 딜레마 안에서 질문해 보아야만 한다. 우리가 행해야 할 사랑은 무엇인가? 비록 상황주의가 한 가지 절대불변의 기준인 사랑에 기초하고 있지만, 결국 주관적일 수밖에 없다. 사랑이 절대적인 개념으로 규정되지 않기 때문이다. 어떤 사람이 사랑이라고 생각할 수 있는 것을 다른 사람은 무자비한 것으로 생각하여 거부할 수도 있다. 비록 상황주의가 훌륭한 대안이 될 수 있을 것 같지만, 종종 다른 절대주의자들의 입장에 비해 안정성과 실용성은 부족하다. 상황주의자들은 가장 많은 사람들에게 가장 많이 베풀 수 있는 사랑을 행하려 할 것이며 결과적으로는 "목적이 수단을 정당화한다."는 사고로 흘러갈 가능성이 높다.[10]

무조건적 절대주의

무조건적 절대주의는 여러 가지 절대불변의 기준이 있고, 이런 절대불변의 기준들은 절대 서로 충돌하지 않는다는 관점이다. 이 접근법은 일관성을 찾으려 애쓴다. 그리고 하나님께서는 사람들이 절대적인 도덕 기준을 깨뜨릴 수밖에 없는 상황에 처하도록 허용하지 않으신다고 생각한다. 이 생각은 기독교계에서 가장 폭넓게 수용되는 접근법 가운데 하나다. 이 관점을 지지한 철학자와 신학자들로는 아우구스티누스, 임마누엘 칸트Immanuel Kant, 찰스 하지Charles Hodge가 있다.

만약 도덕적 충돌이 있는 것 같아 보이면, 무조건적 절대주의자는 그것이 진짜 충돌이 아니라 단지 외견상의 충돌일 뿐이라고 주장한다. 성폭행이나 살인을 피하기 위한 거짓말은 무조건적 절대주의자들에게 받아들여지지 않는다. 즉, 하나님께서는 오직 선한 행동만 보상하시며 거짓말은 죄이므로 우리는 진실만을 이야기해야 한다는 것이다. 그리고 그 결과는 하나님께 맡겨 드려야만 한다고 주장한다.

칸트는 선한 행동과 악한 행동이 본질적으로 뚜렷하게 구별되어 있다고 가르쳤다. 똑같은 거짓말이 어떤 상황에서는 선하고, 또 다른 어떤 상황에서는 악할 수 없다는 것이다. 복음주의적인 신학자 존 머레이John Murray는 하나님의 법은 절대적인 구속력이 있다고 가르쳤다. 하나님의 뜻은 불변하시는 하나님의 인격을 최고로 반영한다. 하나님은 진리이시고, 절대로 거짓말하지 않으시기 때문에 히 6:18, 우리도 거짓말해서는 안 된다.11)

긍정적인 측면

무조건적 절대주의에는 다음과 같은 긍정적인 면이 있다.

1. 무조건적 절대주의는 하나님의 변하지 않는 인격에 기초하고 있다. 이전

의 여러 장들에서 살펴본 것처럼 하나님은 변하지 않으시는 분이다. 따라서 하나님의 도덕적 속성은 모두 절대적인 것으로 간주될 수 있다.

2. 무조건적 절대주의는 결과보다는 규칙에 의해 움직인다. 이것은 "목적이 수단을 정당화한다."는 상대주의적 윤리관들과 대조를 이룬다. 선한 행동은 그 자체로 고결하고 가치 있는 일이다.

3. 하나님이 자신이 창조한 피조물들이 거룩하기를 기대하신다면, 피조물들이 죄짓지 않는 것이 가능할 것이라는 주장은 논리적으로 보인다. 하나님이 우리가 죄지어야만 하는 상황이 있다는 것을 아셨다면 왜 우리에게 죄짓지 말라고 말씀하셨는가? 앞에서도 언급한 바와 같이, 이 관점을 따를 때 발생하는 충돌은 진짜 충돌이 아니라 외견상의 충돌이다. 다른 말로 하면, 우리는 정말로 절대불변의 도덕적 기준들 가운데 하나를 선택하는 것이 아니라 하나의 절대불변의 기준과 절대불변의 기준 같아 보이는 것 중 하나를 선택하는 것이다.

부정적인 측면

무조건적 절대주의에는 다음과 같은 부정적인 면이 있다.

1. 무조건적 절대주의는 율법주의를 조장하는 경향이 있다. 보다 가치 있는 것이 무엇인지 고려하지 않은 채 항상 행위의 옳음이나 그름에만 초점을 두려는 것은 예수님께서 그토록 강력하게 꾸짖으셨던 율법주의적 사고방식을 조장할 수도 있다.

2. 정직이라는 기준과 여타 다른 절대불변의 도덕적 기준이 충돌하는 상황

에서는 어떻게 해야 하는가? 다른 사람의 생명을 구하기 위해 거짓말하는 죄가 더 큰가, 아니면 사실대로 말함으로써 살인이나 강간이 일어나는 상황을 초래하는 죄가 더 큰가? "거짓말이라는 수단을 통해 라합은 자비를 베풀었고, 정탐꾼들은 목숨을 구했다. … 이 경우에는 거짓말과 자비로운 행동이 실제적으로 동일했다. 이 행위의 옳고 그름을 판단하기 위해 단순히 표면적으로 거짓말과 자비로운 행동을 구분하는 것은 큰 의미가 없다. 실제로 라합은 거짓말을 포함하는 하나의 행동을 했고 하나님께서는 이 행동을 칭찬하셨기 때문이다."12)

3. 모든 행동에 대해 그 자체가 악행이라고 판단 내릴 수 없다. 만약 그 행위로만 본다면 동물이 사람을 공격하고 죽이는 것은 악한 행동이다. 음식물 한 입을 훔치는 개는 죄를 짓고 있는 것이다. 총을 가지고 놀면서 형에게 총을 쏘며 아장아장 걷는 아기는 자신의 행동에 도덕적으로 책임을 져야만 한다. 그러나 분별력 있는 사람이라면 누구도 그 개나 아기를 죄인으로 고발하지 않는다. 옳거나 그른 것은 그 행동이 아니라 그 행동의 동기다. 예수님께서는 우리가 악한 행동을 하기 전에, 살인하거나 간음하려고 의도하기만 해도 이미 죄지은 것이라고 가르치셨다.

4. 소극적이며 부작위 不作爲, omission로 저지른 죄가, 적극적이며 의도적으로 저지른 죄처럼 나쁠 수 있다. 거짓말하는 것은 적극적이고 의도적인 죄를 짓는 것이다. 그리고 당신이 돌보고 있는 사랑하는 사람이 살해되거나 성폭행당하는 것을 예방하지 못하는 것은 소극적이며 부작위한 죄다. 어떤 것이 그른 것인가? 둘 다 그르다. 야고보서 4장 17절은 이렇게 말씀한다. "그러므로 사람이 선을 행할 줄 알고도 행하지 아니하면 죄니라." 어

떤 상황에서 아무것도 하지 않기로 선택하는 것이 다른 대안보다 더 나쁘지 않다고 하더라도, 충분히 그만큼은 나쁠 수 있다.

5. 예수님과 바울 사도, 많은 제자들도 실제적인 도덕적 딜레마에 직면했다. 예를 들어, 예수님은 자비를 베풀기 위해 안식일을 지켜야 한다는 전통적인 규정을 깨뜨리셨다. 막 2:23-27, 요 5:5-16

6. 아우구스티누스조차 하나님께서 아브라함에게 아들을 제물로 드리라고 명령하셨을 때처럼 법 속에는 특정한 신적 예외가 존재한다고 인정했다. 그는 "바른 말을 해야만 하는 상황에서"만 거짓말이 나쁜 것이라고 믿었다.13) 이런 예외가 만들어지고 나면, 무조건적 절대주의는 다음 장에서 다루게 될 차등적 절대주의와 더 비슷해 보인다.

7. 하나님께서는 신실한 사람을 항상 보호하시지는 않는다. 세상에는 순교자들, 성폭력 피해자들, 살인 피해자들도 존재한다.

어떤 사람들은 고린도전서 10장 13절의 말씀, 즉 하나님께서 시험 당할 즈음에 피할 길을 내신다는 말씀을 하나님이 항상 도덕적 딜레마에서 우리를 구하실 것이라는 의미로 잘못 해석한다.

그러나 하나님께서 항상 그렇게 구해 주시지는 않는다. 아브라함이 하나님의 명령에 순종해 아들을 제물로 잡아 죽이려 했을 때, 그에게는 제3의 대안이 없었다. 아브라함이 결국 이삭을 재물로 바치지 않았다는 사실 때문에 아브라함의 믿음과 결단이 무의미해진 것은 아니다.

결론

기독교 윤리는 모든 상황에 부합해야만 한다. 상황주의는 약한 기초와 주관적인 특성 때문에 실제적인 상황에서는 적합하지 않다. 사랑이라는 미덕을 높이는 상황주의의 동기는 칭찬할 만하지만, 객관적인 기준이 부족하고 사랑을 명확하게 정의 내리지 못하기 때문에 그 관점을 우리의 다양한 삶에 적용하기는 현실적으로 어렵다.

무조건적 절대주의 또한 부적절해 보인다. 왜냐하면 실제 삶에서는 명백히 도덕적 기준들이 서로 충돌하기 때문이다. 하나님의 불변하는 본성에 기초하고 있고, 모든 충돌을 해결하려고 시도하는 점은 칭찬할 만하다. 그러나 무조건적 절대주의는 비현실적이다. 왜냐하면 실제적인 삶 속에서 발생하는 도덕적 딜레마에 만족할 만한 해답을 제공해 주지 않기 때문이다.

토론과 적용

1. 다음의 딜레마를 토론해 보라. 이런 상황을 어떻게 다루어야만 하겠는가? '예' 혹은 '아니오'로 답하지 말고 당신의 대답을 변론해 보라.

   a. 당신은 어떤 사람에게 권총을 빌렸다. 그 권총을 빌릴 때 돌려주기로 약속했다. 그러나 총을 빌려 준 친구는 화가 나 있고, 그 권총을 당장 돌려

달라고 한다. 당신은 그가 권총으로 다른 사람을 해하는 데 사용할지도 모른다는 의심이 든다. 그 권총을 돌려주어야만 하는가?

b. 히브리 산파들은 히브리인들이 낳은 아들들의 생명을 구하기 위해 거짓말을 했다.출애굽기 1장을 보라. 이 경우 진실을 말했다면 아이들은 죽었을 것이고, 모세가 이스라엘 백성을 애굽에서 이끌어 내는 일도 일어나지 않았을 것이다. 히브리 산파들의 거짓말은 옳은 행동인가? 그른 행동인가?

c. 당신은 탈옥한 연쇄강간범이 당신이 사는 마을에 나타났다는 뉴스를 접한다. 차고에서 차를 빼고 있는데 낯선 사람이 다가와 집에 여동생혹은 아내이 있는지 물어본다. 이 남자에게 진실을 말해야만 하는가? 아무것도 말하지 않거나 말을 돌리면, 더 의심스럽게 보일 수도 있다. 거짓말하는 것을 제외하고, 다른 합리적인 대안이 있다면 어떤 것이 있겠는가?

2. 어떤 그리스도인도 사랑이 절대적으로 옳다는 상황주의자의 말에 반대하지 않을 것이다. 사랑 이외에 다른 어떤 도덕적 개념들이 절대불변의 도덕 기준 목록에 추가될 수 있겠는가? 어떻게 다른 절대불변의 기준들이 사랑과 모순되지 않는다고 해석될 수 있는가?

3. 이 책에서 지금까지 살펴본 네 가지 윤리적 관점들을 비교하고 대조해 보라. 이들 각각의 관점의 사례들을 한 가지 이상 생각해 보라.

07

"서로 충돌하는 기준 중 하나를 선택하라"

절대주의적 윤리관 2

    복음주의자들은 일반적으로 몇 가지 유형의 윤리학적 절대주의를 견지해 왔다. 이러한 윤리학적 절대주의의 유형들은 상황주의와 달리 도덕적인 절대불변의 기준들이 여러 가지 존재한다고 주장했다. 두 개나 그 이상의 절대불변의 도덕적 기준들을 견지하고 있는 진영 안에서는 특별한 문제가 발생한다. 도덕적 기준들이 서로 충돌하는 경우가 일어나는 것이다. 그렇다면 두 개 혹은 그 이상의 절대적 의무가 불가피한 충돌을 일으킬 때 어떻게 해야만 하는가?14)

    무조건적 절대주의자는 도덕적 기준은 충돌하지 않는다는 관점을 세웠지만, 현실의 삶에서는 사실 충돌이 발생한다. 이 장에서 소개하는 두 가지 관점은 도덕적 기준들이 서로 충돌하는 상황을 솔직히 인정한다. 그러나 충돌의 정의와 충돌에 반응하는 방식에는 차이를 보인다. 표 7.1을 보라.

〈표 7.1〉 **절대주의적 윤리관 Ⅱ**

상충적 절대주의 (Conflicting Absolutism)	차등적 절대주의 (Graded Absolutism)
때때로 절대불변의 기준들은 서로 충돌한다. 그리고 그 절대불변의 기준 가운데 어느 것 하나라도 불순종하는 것은 잘못이다.	때때로 절대불변의 기준들은 서로 충돌한다. 이 경우에는 더 높은 법을 따라야 한다.

상충적 절대주의

상충적 절대주의는 절대불변하는 여러 기준이 존재하며, 이런 절대불변의 기준들은 때때로 서로 충돌한다는 사실을 인정한다. 세상은 죄로 말미암아 타락했다. 비록 인간이 스스로 도덕적 곤경에 처해 있는 것이 하나님의 이상理想은 아니지만, 그런 충돌은 언젠가는 해결될 일시적인 저주의 일부분이다. 만약에 하나님의 자녀가 자신이 그런 곤경에 빠져 있다고 생각된다면, 두 가지 악행 중에서 덜 악한 쪽을 선택해야만 하고, 자신의 선택에 대해 하나님께 용서를 구해야만 한다.

상충적 절대주의의 장점은 도덕적 충돌이 존재하는 현실을 인정한다는 점이다. 반면, 때때로 이런 충돌 속에서 어떤 것을 선택하든 결국 죄를 지어야만 하는 상황은 피할 수 없다고 이해하는 점이 상충적 절대주의의 약점으로 지적된다. 죄짓지 않을 대안이 없는데 어떻게 인간이 그 죄에 책임을 질 수 있는가?

차등적 절대주의

절대불변의 도덕적 기준들이 하나님의 변하지 않는 본성에서부터 흘러나온다면, 절대불변의 도덕적 기준들은 절대로 서로 상충될 수 없다는 결론에 도달하게 된다. 만약 서로 상충된다면, 하나님의 본성 안에 모순이 존재한다고 결론 내려야만 할 것이다. 그러나 하나님의 본성 안에 모순이 존재하는 것은 불가능하다. 하나님은 도덕적으로 완전하신 분이고, 모순이 없으신 분이기 때문이다. 하나님의 사랑은 결코 하나님의 거룩과 충돌되지 않는다. 오히려 하나님의 속성들은 서로 충돌하기보다는 서로 보완해 준다. 하나님의 자비와 은혜는 하나님의 공의와 충돌하는 것이 아니라 서로 보완해 준다.

하나님의 도덕법은 하나님의 본성 안에서는 충돌을 일으키지 않는다. 그러나 이 제한되고 타락한 세상 속에서는 두 개 혹은 그 이상의 절대적인 도덕법이 때때로 충돌할 경우가 있다. 그런 충돌이 발생할 때 우리는 더 높은 법을 따라야만 한다. 그렇다면 하나님은 더 낮은 법을 지킬 의무를 면제해 주신다. 하나님 안에서는 충돌이 없지만, 하나님과 우리가 살고 있는 타락한 세상 사이에는 충돌이 존재하기 때문이다.

예를 들어, 성경은 하나님이 부여하신 인간 권세에 복종하라고 명령한다.롬 13:1-4, 벧전 2:13 성경은 또한 하나님의 거룩한 명령에 복종하라고 명령한다. 문제는 하나님이 부여하신 인간의 권세가 하나님의 명령과 충돌할 경우다. 만약 인간 독재자가 성도들에게 기도하거나 성경을 읽지 말라고 명령한다면, 그 독재자는 하나님의 명령을 부정하는 것이다. 충돌은 현실이다. 그러나 그 충돌은 두 가지 절대불변의 도덕적 기준들 사이에 존재하는 것이 아니다. 우리가 살아가면서 모든 인간 권세의 명령에 맹목적으로 순종하는 것이 절대불변의 도덕적 기준은 아니다. 인간 권세가 하나님과 충돌할 때는 이의를 제기해야만 한다.

차등적 절대주의는 이렇게 도덕적 충돌이 생길 때 우선하는 명령에 순종하거나 더 높은 권세에 호소해야 한다고 말한다. 한 사람의 생명을 구하는 것이 최선인가, 살인을 저지를지도 모르는 자에게 거짓말하지 않는 것이 최선인가? 차등적 절대주의자는 살인자에게 정직히 말하는 것보다 무고한 생명을 살리는 것이 더 큰 도덕적 책무라고 생각할 가능성이 많다. 특별히 이 두 가지 행동이 충돌할 때 더욱 그렇다. 만약 살인자에게 정직하게 행동함으로써 무고한 사람이 죽음에 이르게 된다면, 그 사람은 범죄자에게 정보를 제공하지 않음으로써 한 사람의 생명을 보호할 의무를 다하지 못한 것이다.

이 경우, 우리는 죄를 지은 것이 아니기 때문에 더 낮은 권세에 복종하지 않은 사실에 대해 하나님께 용서를 구하지 않아도 된다. 인간 권세에 불복종하는 것이 하나님께 순종하는 길이 될 수도 있기 때문이다. 이 접근법을 사용할 때 우리에게는 분별력이 필요하다. 또한 정부를 따르지 않으려고 하나님을 핑계 삼아서도 안 된다. 성경에 명확하게 위배되지 않는 한 우리는 인간 권세에 복종해야 할 의무가 있다.

결론

첫눈에 보면, 상충적 절대주의와 차등적 절대주의는 동전의 양면처럼 보인다. 그러나 그것은 '덜 악한 쪽'과 '더 우선하는 선'을 비교하는 것처럼 단순한 것이 아니다. 이 두 가지 관점은 이 세상에 도덕적 충돌이 존재한다는 사실을 인정한다. 그러나 서로 충돌하는 도덕적 행동 가운데서 하나를 선택하는 행위가 죄인지 아닌지를 판단할 때는 이 두 관점이 차이를 보인다. 상충적 절대주의와는 달리 차등적 절대주의는 더 높은 법을 따르는 한 그 사람을 무죄로 본다.

토론과 적용

1. 성경의 명령과 부모, 경찰, 목회자, 대통령, 독재자와 같은 인간 권세 사이에서 일어날 수 있는 도덕적 충돌을 생각해 보라.

2. "최선을 택하라."는 윤리학의 접근법을 오용하거나 오해할 수 있는 예를 들어 보라.

추천도서

· 노먼 가이슬러, 『기독교 윤리학』(기독교문서선교회, 2003)

08
"삶의 질인가, 생명의 존엄성인가?"
쟁점들에 직면하라

무신론자에게 요한복음 3장 16절을 인용하면 어떤 반응을 보일까? 무신론자가 하나님을 믿지 않는다면 하나님이 자신을 사랑하신다는 사실도 인정하지 않는다. 그것은 마치 적록색맹환자에게 빨간 장미의 색깔을 설명하려고 노력하는 것 같다. 무신론자의 관점은 근본적으로 달라서 그것이 바뀌지 않는 이상 이해할 수 없다.

이 책의 나머지 부분제2부에서는 구체적인 윤리학적 쟁점을 다루게 될 것이다. 이 장은 윤리학에 대한 유신론적 접근법theistic approach을 요약하고, 그것을 자연주의적naturalistic이거나 세속적 인본주의 접근법secular humanist approach과 비교할 것이다.표 8.1을 보라. 성경적으로 어떤 영역은 논쟁의 여지가 전혀 없이 선명하다. 다른 논쟁점들은 어떤 영역에서는 명확하고 어떤 영역에서는 그렇게 명확하지 않다. 이런 '회색' 지대에 대해서는 분별과 기도와 사랑의 마음이 필요할 것이다.

⟨표 8.1⟩ **유신론적 세계관과 세속적 인본주의 세계관**[15]

유신론	세속적 인본주의
창조자가 계신다.	창조자는 없다.
인간은 특별하게 창조되었다.	인간은 동물에서 진화했다.
하나님이 생명의 주권자다.	인간이 생명의 주권자다.
생명의 존엄(Sanctity-of-life)	삶의 질(Quality-of-life)
목적은 수단을 정당화하지 않는다.	목적이 수단을 정당화한다.

세속적 인본주의

세속적 인본주의자의 견해는 유일신 하나님이 존재하지 않는다는 가정에서 시작한다. 하나님이 없다면, 절대적인 도덕적 진리도 존재하지 않는다. 인류는 고도로 진화된 동물이고, 현재로서는 자신의 행동에 도덕적으로 책임이 없다. 정상이 아닌 행동_{사회에서 정상으로 생각되는 한계를 넘어선 행동}은 환경을 개조하거나 더 나은 교육, 의학 기술로 교정할 수 있다. 이처럼, 윤리적 쟁점을 바라보는 세속적 인본주의자들의 관점은 유신론자들의 관점과 아주 다르다.

유신론적 세계관은 인격적이고, 전능하시고, 도덕적으로 완전한 하나님을 향한 믿음에서 출발한다. 앞에서 언급한 것처럼 하나님의 본성으로부터 흘러나오는 도덕적 개념은 절대적이다. 옳은 것과 그른 것 사이에는 명백한 차이가 있다. 사람이 옳지 않은 것을 행하기로 선택할 때, 그것은 단순히 유전적 구조나 환경으로 인한 결과가 아니다. 그것은 자유의지다. 따라서 벌을 받아 마땅하다.

생명의 존엄성 원칙

생명은 하나님께서 창조하셨기 때문에 본질적인 가치를 지닌다. 특별히 인간은 하나님의 형상대로 지음 받았기 때문에 인간의 생명은 본질적인 가치를 지닌다. 한 인간의 생명은 유용하든 그렇지 않든, 의식이 있든 없든, 선하든 그렇지 않든 간에 가치를 지닌다. 이 원칙에 따르면, 한 인간은 인류에게 긍정적인 기여를 전혀 하지 않아도 여전히 가치를 지닌 존재다. 모든 인류는 하나님의 형상을 가지고 있고, 그래서 존중받아야만 한다.

삶의 질 원칙

세속적 인본주의의 '삶의 질' 개념은 앞서 살펴본 생명의 존엄성 개념과 대조된다. 이 개념은 도덕적 선택을 할 때 가장 중요한 요인이 생활의 질이라는 생각에 기초한다. 예를 들어, 한 여인은 자신의 삶의 질 혹은 태어나지 않은 아이가 갖게 될 삶의 질을 고려하여 낙태 유무를 판단한다. 세속적인 인본주의자들은 아이가 나쁜 가정환경 속에 태어날 가능성이 있을 경우 때때로 낙태는 정당하다고 말한다. 그 아이가 나쁜 삶의 질을 누리는 것보다는 태어나지 않는 것이 더 낫다는 것이다. 앞으로 다양한 논쟁점들을 살펴보면서 우리는 그리스도인들이 각 쟁점에 지속적으로 생명의 존엄성을 적용하는 것을 주목하게 될 것이다. 그러나 전쟁이나 사형 문제와 같은 문제에 생명의 존엄성을 적용하려 할 때에는 그리스도인들 간 견해가 일치하지 않을 때도 있다. 예를 들어, "생명의 존엄 원칙이 범죄자나 적에게도 적용되어야만 하는가?" 같은 문제가 그런 경우다.

하나님의 주권 원칙

유신론자는 우주의 주권자이신 인격적인 하나님을 믿는다. 이것은 우주를 지배하시는 하나님의 능력이나 권리와 관련되어 있다. 윤리학에서 '하나님의 주권'Sovereignty-of-God 원칙은 하나님께서 생사의 문제에 주권을 가지고 계신다는 의미다. 세속적인 인본주의자는 하나님이나 더 높은 존재의 주권 개념을 거부한다. 그들은 인간이 만물의 척도라고 생각한다. 실제적으로 인간이 하나님이다. 인간은 생명을 창조하거나 파괴하거나 복제할 수 있다. 이 관점은 특별히 생물 의학적 쟁점과 관련되어 있다.

목적이 수단을 정당화하는가? 이 질문에 성경적 유신론자는 '아니오'라고 대답하고, 세속적 인본주의자는 '예'라고 대답한다. 인본주의자는 다른 사람의 삶의 질을 개선하거나 다른 생명을 구하기 위해서는 소수의 생명을 파괴하는 것은 정당한 일이라고 말한다. 반면, 유신론자는 가능하면 생사의 문제를 하나님께 맡긴다. 인본주의자는 인류의 건강을 증진하는 것이 우선이라고 말한다. 그리고 이 목적을 달성하기 위해 인간 배아를 사용하려고 한다. 유신론자들은 질병을 치료하는 것을 긍정적으로 바라본다. 그러나 치료를 위해 어떤 식으로든 특별히 낙태가 수반된다면 인간 배아를 사용하는 것을 반대한다.

결론

세속적 인본주의와 성경적 유신론이라는 두 세계관은 서로 현저하게 대립한다. 이 두 가지 세계관은 특정 철학적·윤리적 쟁점에서 자주 대립하는데, 서로 다른 관점에서 출발해 다른 결론에 도달하기 때문이다. 그러나 대부분의 사람들은 자신의 관점을 점검하거나, 자신이 삶 속에서 내리는 결정에 그 관점이 어떻게 영향을 미치는지 고려하지 않는다. 그러나 자신의 생각뿐만 아니라 그 생각이 어디서 비롯되었는지 아는 것 역시 중요하다. 이 책의 나머지 부분에서는 많은 쟁점을 다룰 것이다. 21세기에 인류가 직면하고 있는 이들 중요한 쟁점을 충분히 생각하고 토론하면서 자신의 관점을 고찰해 보라.

토론과 적용

1. 표 8.1.을 암기하라. 각각의 특징을 설명할 수 있도록 암기하라.

2. 주요 시사 잡지에서 윤리적 쟁점과 관련된 기사를 찾아보라. 그 기사

를 읽고 그 기사가 유신론적 관점으로 기록되었는지, 인본주의적 관점으로 기록되었는지 판단해 보라. 그리고 그렇게 생각한 이유 몇 가지를 제시해 보라.

3. 생명의 존엄 원칙을 놓고 유신론자가 세속적 인본주의자와 논쟁하는 것이 왜 불가능한 일인가?

4. 올바른 기독교 세계관의 중요성을 인식하는 학교와 교회가 늘어나고 있다. 비록 올바른 기독교 세계관을 갖는 것을 강조하는 것이 필요하지만 때때로 대중적인 전통이나 정치적인 견해가 올바른 기독교 세계관의 정의와 뒤섞이기도 한다. 기독교 세계관의 훌륭한 정의가 무엇이라고 생각하는가? 때때로 기독교 세계관의 일부인 것으로 오해되고 있는 것은 어떤 것들인가?

제2부

옳고 그름을 지혜롭게 분별하자

_ 쟁점

09 거짓말 10 부정행위 11 도둑질 12 시민 불복종 13 경제적 불공평 14 동성애 15 이성애 16 포르노그래피 17 결혼과 이혼 18 자연과 환경 19 윤리학과 정치학 20 낙태 21 안락사 22 체세포 복제 23 줄기세포 연구와 다른 생물의학적 쟁점 24 사형제도 25 전쟁 26 중독

09
"좋은 의도로 한 거짓말도 죄인가?"
거짓말

당신의 집에 낯선 사람이 침입했다. 그 침입자는 당신의 머리에 총을 겨누고 어머니나 사랑하는 가족이 있는 곳을 말하라고 협박한다. 가족들은 위층에서 잠자고 있다. 침입자는 당신이 계속 침묵한다면 총으로 쏴 죽이겠다고 위협한다. 만약 진실을 말한다면 그 침입자는 당신의 사랑하는 가족을 죽일 것이다. 이런 경우 어떻게 해야 할까?

코리 텐 붐Corrie ten Boom 여사는 2차 세계대전 기간 중 나치의 손아귀에서 유대인들을 보호하기 위해 유대인들을 자기 집에 숨겼다. 나치가 유대인들이 어디에 있는지 실토하라고 다그쳤을 때, 유대인들의 생명을 구하기 위해 거짓말을 했다. 그녀는 죄를 지은 것인가? 만약 사실대로 말하여 그 무고한 유대인들이 죽게 되었다면 그녀는 죄를 지은 것인가?

거짓말을 둘러싼 윤리적 관점은 늘 논쟁거리가 되어 왔다. 어떤 사람은 거짓말하는 것은 절대로 용납될 수 없다고 주장한다. 어떤 사람은 거짓말하는 것 자체가 옳고 그름의 문제만은 아니라고 주장한다. 사도 바울은 살인, 술 취함과 같은 다른 죄악을 나열하는 곳에 거짓말이라는 죄악을 포함시켰다. 도덕 절대론자moral absolutism의 관점을 가진 사람들조차도 항상 의견의 일치를 보이는 것은 아니다. 논쟁이 발생하는 원인 중 일부분은 거짓말의 정의가 명확하지 않은 데 있다. 만약 게임이나 액션과 같은 상황을 배제하지 않은 채 거짓말을 '의도적으로 속이는 것'이라고 정의한다면, 거짓말은 때때로 허용될 수도 있다는 사실을 받아들일 수밖에 없을 것이다. 토마스 아퀴나스Thomas Aquinas는 '거짓말'을 마음과 일치하지 않는 진술statement at variance with the mind이라고 정의했다. 아우구스티누스는 결과가 어떠하든지 간에 진실만을 말해야 한다는 엄격한 관점을 유지했다.

출애굽기 20장에 나오는 십계명의 제9계명인 "거짓 증거 하지 말라."는 말씀은 거짓 증거의 피해를 입은 사람이 진실을 알기 원하거나 알 자격이 있다는 상황을 전제한다. 이 계명은 증인이 법정에서 선서한 이후에 성실하게 증언해야 하는 상황과 연관되어 있다. 어떤 사람을 부당하게 고소하거나 범죄를 저지른 사람을 보호하기 위해 거짓말하는 것은 심각한 부정행위다. 따라서 거짓 증거 하지 말라는 이 특별한 계명은 모든 거짓 진술에 적용되지는 않는다.

성경적 관점에서 볼 때, 하나님은 의심할 여지없이 우리가 정직하기를 기대하신다. 신약성경은 거짓말이 죄라고 말한다.롬 13:9 그리스도인들은 마음의 중심과 말이 정직해야만 한다. 거짓과 속임수로 살아가는 것은 하나님을 멀리하는 삶과 같아서, 성경은 이런 사람들이 천국의 도성 밖

에 있을 것이라고 말씀한다. 계 22:15

그럼에도 불구하고 소수의 사람들이 속이는 것은 무조건 잘못이라는 주장을 진지하게 받아들인다. 그 사람들은 불가피하게 전쟁이 발생했을 때 국가가 군사적인 전략을 정직하게 곧이곧대로 밝혀야 한다고 생각한다. 카드 게임을 하거나 체스를 할 때, 이기기 위해서는 종종 의도적인 속임수가 필요하다. 많은 운동 경기는 상대팀을 속이도록 디자인되어 있다. 게임이나 운동경기 속의 이런 규칙까지 죄로 구분 짓는 것은 우스꽝스러운 일이다.

성경적이고 상식적인 거짓말의 정의는 무엇인가? 일반적으로 거짓말은 다른 사람을 속이려는 의도를 말한다. 어떤 사람은 여기에 "진실을 알 자격이 있으며, 진실을 알기를 원하는 사람을 속이는"이라는 표현을 덧붙임으로써 거짓말의 범위를 더 제한한다. 이 정의는 때때로 진실을 말하는 것이 더 높은 도덕적 원칙과 실제적인 충돌을 일으킬 수도 있다는 점을 가정한다. 분명 우리는 친구와 원수를 정직하게 대해야 한다. 그러나 상대방이 진실을 알고자 하지 않는 운동 경기나 게임을 할 때는 속임수가 허용된다. 또한 적이 진실을 알게 되리라 기대하지도, 적에게 진실을 말해 줄 가치도 없는 전쟁 상황에서도 속임수가 용납된다. 왜냐하면 무고한 자를 보호하는 것이 더 우선하는 가치이기 때문이다.

당신이 사는 집에 침입한 사람은 자녀들이 어디에 숨어 있는지, 값어치 있는 물건을 어디에다 보관하고 있는지를 알 자격이 없는 사람이다. 이런 침입자에게도 반드시 잘못된 정보를 제공해야만 하는 것은 아니다. 경찰을 부르거나, 묵비권을 행사하거나, 육체적으로 저항하는 것이 대안이 될 수 있을 것이다. 그럼에도 불구하고 다른 대안이 없는 경우에 어떤 유신론자들은 생명을 보전하기 위해서라면 거짓말을 할 수 있다고 믿는다. 차등적 절대주의자는 범죄자에게 정직한 것은 무고한 사람의 생명을 보전하는 것보다 우선순위에서 낮은 위치를 차지한다고 말한다. 더 사랑하는 것, 옳은 일은 무고한 생명을 보전하는 일이다.

무조건적 절대주의자는 이 의견에 동의하지 않을 것이다. 무조건적 절대주의자는 우리가 다른 선택 가능한 대안들 중에서 한 가지를 택해야만 한다거나 진실을 말하고 그 결과는 하나님께 맡겨야만 한다고 말할 것이다. 왜냐하면 주권자이신 하나님께서 이 사건이 일어나도록 허용하셨기 때문이다. 차등적 절대주의자는 진실을 말함으로써 생명을 보호하지 않는다면, 그것은 죄라고 말할 것이다.

절대적인 진리

이 장에서 거짓말에 대한 전반적인 이슈를 비교적 가볍게 다루어 왔다고 생각할 수도 있다. 그럼에도 불구하고 거짓말을 단순한 속임수로 정의하면서 이 문제를 지나치게 단순화하기보다는 거짓말의 명확한 정의를 세우는 것이 중요하다. 마찬가지로, 진리를 명확하게 규정하는 것도 중요하다. 진리는 실재에 부합되는 것이다. 실재하는 것이 진실이다. 그 상황에 대한 사람들의 의견이나 우리가 그 상황과 어떤 관계가 있는지 상관없이, 사실은 진실이다. "2+2=4"라는 진술은 우리가 그것에 동의하든 그러지 않든 진실이다. 진실은 폭이 좁다. 이 수학 방정식에는 무한한 답이 존재할 수 있다. 그러나 정확한 해답은 오직 한 가지밖에 없다. 당신이 지금 이 문단을 읽는 순간 존재할 수 있는 장소는 수없이 많지만, 바로 이 순간 당신이 실제로 존재하는 곳은 오직 한 군데밖에 없다. 만약 당신이 교실 의자에 앉아 있다면 당신이 그 의자에 앉아 있다는 것이 진실이다.

진리의 본성을 다른 방법으로 생각해 본다면, 무모순의 원리 혹은 비모순율 the law of noncontradiction 로 설명할 수 있다. 이 논리학 법칙은 반대되는 아이디어는 '동일한 의미'에서 동시에 진실일 수 없다고 진술한다.16) 진리의 반대는 거짓이다. 만약 무엇이 어떤 의미에서 위에 있다면, 그것은 동일한 의미에서 아래에 있지 않다.

만약 어떤 것이 어떤 의미에서 틀리다면 그것은 동일한 의미에서 옳지 않다. 무모순의 원리를 발명한 것은 인간이 아니다. 다만 그 법칙을 발견해 내고 설명했을 뿐이다. 그것은 더도 말고 덜도 말고 그 자체일 뿐이다.

모순이 없는 법칙을 논박하려고 시도하는 사람은 누구든지 간에 무모순의 원리 혹은 비모순율를 당연한 것으로 간주하는 언어나 증명 형식을 사용할 수밖에 없다. 예를 들어, 만약 내가 "무모순의 원리는 모든 진술문에 적용되지 않는다."라고 말하면, 나는 무모순의 원리를 이미 전제하고 있는 셈이다. 왜냐하면 반대의 진술이 진리가 아니라고 믿기 때문이다.

상대주의

진리를 절대적으로 바라보는 관점의 대안은 상대주의Relativism다. 상대주의는 진리가 상황에 따라 변화한다는 생각이다. 사람들은 상대주의적인 도덕 체계에서 살아가려고 노력하지만 지속적으로 상대주의적 도덕 체계로 살아가는 것은 불가능하다. 상황에 따라 기준이 달라지면, 자신이 당하고 싶지 않은 행동을 다른 사람에게 행하거나 다른 사람들에게 기대하는 행동을 정작 자신은 행하지 않는 경우가 비일비재하게 발생할 것이다.

결론

진리를 알 자격이 있고, 진리를 알기 원하는 사람을 속이려고 하는 것은 도덕적으로 옳지 않다. 다음에 이어지는 연습문제는 당신이 이 문제를 생각해 보도록 도와줄 것이다. 거짓말에 대한 상대주의자들의 접근법은 실패한다. 왜냐하면 진리는 참된 것에 부합하기 때문이다. 모든 것이 진리일 수는 없다. 하지만 진실성에 부합되는 것은 진리일 수 있다. 진실성에 부합되지 않는 것은 거짓이다.

  만약 하나님이 존재하신다면, 하나님이 실재하신다고 말할 수 있다. 그분에 관해 알려진 모든 것들 또한 진짜다. 우리가 알고 있는 하나님에 관한 진실이 도덕성의 기초를 형성할 것이다. 진리를 말하는 것은 중요하다. 거짓말에 대해 차등적 절대주의자의 입장을 취하든 무조건적 절대주의자의 입장을 취하든 정직을 높이 평가하고 거짓말하는 죄를 피하는 것이 중요하다. 거짓말 자체는 항상 그른 것이다. 그러나 더 높은 도덕법 정직한 사람에게 자비를 베푸는 것과 같은을 지켜야 하는 상황에서는 진리를 말해야 한다는 더 낮은 의무에서 벗어날 수 있다. 그렇게 함으로써 우리는 더 높은 의무에 책임을 다할 수 있을 것이다.

토론과 적용

1. 다음의 상대주의의 핵심 주장을 그 자체에 적용하여 반박하라.

   a. 절대불변의 기준은 없다.
   b. 진리는 상대적이다.
   c. 어떤 사람이나 종교도 진리를 가지고 있지 않다.
   d. 그건 단순히 당신의 해석이다.
   e. 당신은 판단해서는 안 된다.

2. 용어색인과 성경 사전과 온라인 혹은 성경 소프트웨어 자료들을 활용해 성경에서 '진리'라는 단어를 찾아 연구해 보라.

3. 이전의 장들을 통해 살펴보았던 다음의 여섯 가지 윤리관들을 거짓말이라는 특별한 문제에 적용해 보라. 빈칸에 거짓말에 관한 진술문과

가장 잘 부합되는 윤리관을 기록하라.

a. 거짓말은 옳지도 그르지도 않다.

b. 거짓말은 일반적으로 그르다.

c. 거짓말은 그것이 사랑의 행위라면 때때로 옳다.

d. 거짓말은 항상 그르다.

e. 거짓말은 용서받을 수 있다.

f. 더 위대한 선을 위해서라면 거짓말은 때때로 옳다.

4. 차등적 절대주의자들은 거짓말이 허용되는 경우도 있다는 특정한 예들을 성경에서 인용한다. 다음의 본문을 읽어 보고 이런 시나리오에 대해 당신의 생각을 나눠 보라.

a. 두 명의 히브리 산파, 십브라와 부아는 남자 아이들의 생명을 구하기 위해 바로에게 사실대로 말하지 않았다. 출 1:15-21

b. 요나단은 자기 친구 다윗의 생명을 보호하기 위해 사울 왕에게 사실대로 말하지 않았다. 삼상 19-20장

c. 라합은 이스라엘 정탐꾼의 생명을 보호하기 위해 사실대로 말하지 않았다. 수 2장 히브리서 11장 31절에 따르면, 하나님을 향한 그녀의 믿음은 그녀의 행동과 분리될 수 있는가?

10
"결국에는, 뿌린 대로 거둔다"
부정행위

고등학생인 존은 윤리학 리포트를 작성하기 위해 인터넷에서 안락사에 관한 기사를 복사해 사용했다. 그 리포트는 두 번의 시험을 대체하는 중요한 과제였다. 만약 부정행위가 적발된다면, 두 번의 시험이 0점 처리되고, 이 과목에서 낙제를 하게 될 수도 있다. 윤리학 교사인 스키너Skinner 선생님은 존의 독특한 글쓰기 스타일을 알고 있었기 때문에 존이 윤리학 리포트를 표절했을 것이라는 의혹이 들었다. 인터넷을 재빨리 검색해 보고 스키너 선생님은 자신의 직감이 옳았음을 알게 되었다. 선생님은 존을 직접적으로 대면하는 대신, 이번 일을 가르침의 기회로 삼기로 했다.

스키너 선생님은 학생들에게 다음과 같은 지침을 발표했다. 즉, 표절이 의심되는 학생이 있으며 그 학생은 앞으로 사흘 안에 선생님을 찾아와 개인적으로 자신의 잘못을 인정하라는 것이었다. 그러지 않으면, 두 번의 시험이 0점 처리가 되고 징계를 받게 된다는 것이다. 스키너 선생님은 존에게 리포트를 재작성하게 한 후 그 리포트 평가 점수의 절반을 인정해 줄 작정이었다. 사흘 후에, 놀랍게도 50명의 학급 학생들 중에서 여덟 명이 선생님을 찾아와 자신의 부정행위를 시인했다. 그 여덟 명 중 존은 없었다.

이 실화 결백한 학생과 죄지은 학생 모두를 보호하기 위해 이름을 바꾸었다.는 현실과 동떨어진 사건이 아니라 어느 고등학교나 대학교에서든 매일 일어나는 일이다. 대부분의 학생들은 학창시절에 부정행위를 한다. 어떤 학생들은 부정행위 없이는 졸업이 불가능할 정도로 부정행위를 곧잘, 능숙하게 한다. 학생들이 학교에서 부정행위를 하는 이유는 다음과 같다.

1. 다른 많은 학생들이 부정행위를 하고 있다. 그래서 내가 부정행위를 하지 않으면, 학업에서 뒤처질 것이다.
2. 나는 이 필수 과목을 좋아하지 않는다. 이 과목은 내 삶과 아무 상관이 없는 것 같다. 이 과목을 이수하려면 부정행위를 하는 편이 낫다.
3. 이번 과목에서 낙제하면 혹은 낮은 점수를 얻으면 심각한 결과를 초래하기 때문에 부정행위를 해야만 한다.
4. 모든 과목의 과제를 모두 할 시간이 없다. 몇 가지 부정행위를 하지 않으면, 모든 과목의 과제를 해내지 못할 것이다.

부정행위에 대해 어떤 변명을 하든 간에, 그것은 정직하지 못한 일이다. 부정행위는 거짓말의 한 형태이고, 자기가 연구한 것이 아닌 다른 출처를 부당하게 사용하는 도둑질의 또 다른 형태이기도 하다. 학생들이 부정행위를 하기 전에 재고해 보아야 할 몇 가지 실제적인 이유가 있다.

1. 교육은 값비싼 과정이다. 부정행위에 의지하면, 지식을 얻기 위해 자신이나 부모님이 지불한 돈을 낭비하게 된다.
2. 부정행위를 하는 사람은 자신의 삶을 부요하게 할 배움이나 지식을 소유하는 기쁨을 누릴 수 없다.
3. 부정행위의 결과로 받는 성적은 노력해서 얻은 성적과 동일하지 않다. 나중에 성적을 얻기 위해 열심히 노력하지 않았다는 사실에 죄책감을 갖게 되거나 후회하게 될 것이다.
4. 고등학교에서 부정행위를 하다보면 나중에 극복하기 어려운 행동 양식과 습관을 만들어 낸다. 어떤 사람의 경우 그렇게 형성된 행동 양식과 습관 때문에 자신의 일과 가정이 망가지기도 한다.
5. 부정행위를 한 많은 학생들이 곧바로 적발되지는 않지만, 결국에는 적발되기 마련이다. 그 결과는 보통 자동 낙제다. 대부분의 고등 교육 기관은 부정행위를 한 학생을 자동적으로 퇴학시킬 것이다. 부정행위는 용서될 수 있는 일이다. 그럼에도 불구하고, 부정행위로 인해 퇴학을 당한 수치는 평생 기억으로 남을 것이다.

부정행위를 하기 전에 재고해 보아야 할 몇 가지 영적인 이유도 있다.

1. 부정행위는 부정직하고, 따라서 벌 받을 짓이다. 그것은 하나님께 불순종

하는 것이다. 다른 죄와 마찬가지로, 부정행위는 주님과 동행하는 삶에 상처를 입힌다.

2. "너희 죄가 반드시 너희를 찾아낼 줄 알라."민 32:23 어떤 부정행위자는 결코 적발되지 않을 것 같아 보인다. 그럼에도 불구하고, 이 성경말씀은 최후에는 죄가 죄인을 잡아 낼 것이라고 지적한다.

뿌린 대로 거두기 마련이다. 어떤 사람은 도둑질이나 거짓말이나 부정행위를 저지르고도 잘 살아갈 것이다. 그럼에도 불구하고, 성경말씀은 어떤 사람이 특별한 죄를 지속적으로 지으면, 그 죄가 그를 찾아낼 것이라고 암시한다.

3. 하나님 앞에서 깨끗한 양심은 이 땅의 성공보다 더 큰 만족을 가져다준다. "그러나 자족하는 마음이 있으면 경건은 큰 이익이 되느니라."딤전 6:6 솔로몬은 자신의 무한한 부와 권력과 평판에도 불구하고 인생의 어느 순간에 이르러서는 자신의 삶을 미워했다. 솔로몬의 마음이 하나님으로부터 떠나 있었다는 것이 문제였다.전 2-3장

4. 남을 속여 무엇인가를 얻는 것은 당신의 삶을 향한 하나님의 뜻이 아니다. 만약 당신이 부정행위를 하여 대학에 들어갈 수 있다면, 대학에 들어가는 것은 당신을 향한 하나님의 뜻이 아니다. 당신이 마땅히 해야 할 의무를 다하지 않는 것은 하나님께서 당신에게 허락하지 않은 결과물을 차지하는 일이다.

결론

부정행위는 옳지 않다. 모든 사람은 본능적으로 이 사실을 알고 있다. 하지만 어떤 사람들은 자신의 죄를 합리화하려 한다. 그러나 앞서 살펴보았듯이 부정행위는 실제적인 면에서나 영적인 면에서 그만한 위험을 감수할 만한 가치가 없다. 이제 부정행위가 당신의 삶의 방식이 되지 않도록 결정할 시간이다.

토론과 적용

1. 다음의 시나리오를 살펴보고 이 시나리오가 부정행위를 포함하고 있는지 판단해 보라.

    a. 학생들이 숙제의 해답을 공유한다.
    b. 선생님께서 한 그룹에게 부과한 프로젝트 과제물을 한 사람이 혼자서 모두 감당한다.
    c. 교실 밖에 있는 사람이나 사물이 시험을 치르고 있는 사람에게 정답을 알려 준다.
    d. 선생님께서 오픈 노트 시험을 허락했다. 노트 필기를 하지 않은 학생이 시험을 치르는 동안 다른 학생의 노트를 보았다.
    e. 부모님이 과제물을 도와주었다.

2. 고등학교에서 일어나는 부정행위는 극복하기 어려운 행동 양식과 습관을 만들어 낸다. 부정행위가 생활양식으로 정착되는 과정을 몇 가지 나열하거나 토론하라. 그리고 그런 패턴과 습관이 이후의 삶에 어떤 해악을 끼치는지 나열하고 토론해 보라.

3. 부정행위로 더 좋은 점수를 얻는 주변 학생들을 바라보며 정직한 친구들이 어떤 감정을 느낄지 생각해 보라.

11
"모두 그 대가를 치르고 있다"

도둑질

보도를 걸어 내려가다가 벤치에 지갑이 놓여 있는 것을 보았다. 그 벤치에는 아무도 없고, 뭔가를 찾고 있는 사람도 없다. 당신은 그 벤치에 앉아 기다려 보지만 아무도 다가오지 않는다. 선한 사마리아인이 되고자 당신은 지갑 주인의 이름을 확인해야겠다는 생각이 든다. 지갑을 집어 들자 두께가 꽤 두툼하다. 그 지갑은 현금으로 가득 차 있다. 대부분 100달러짜리 지폐다. 당신은 운전면허증을 보고 그 소유자가 외국인이며, 아마도 휴가차 온 사람일 것이라고 추측한다. 물론, 그는 마약 판매상일 수도 있다. 당신은 먼저, 그 지갑을 가져가고 싶은 유혹을 받는다. 마침 돈이 필요했다. 이것이 어쩌면 당신의 부족함을 채울 하나님의 방법일지도 모른다. 다음으로, 경찰에 신고하거나 근처 가게 점원에게 맡겨 두는 것을 고려해 본다. 그러나 그 사람들을 믿지 못하겠다. 당신은 어떻게 하겠는가?

자, 이번에는 당신이 휴가를 다녀 온 사이 집 창문 하나가 부서져 있다. 집에 들어가 보니 서랍이 열려 있고, 내용물들은 바닥에 널브러져 있다. 노트북 컴퓨터가 사라졌고 CD와 DVD도 많이 없어졌다. 뭔가 더 없어진 것은 없는지 살펴보면서, 당신은 뭔가 잘못되었다는 생각에 욕지기가 난다. 사적인 공간이 약탈당한 것이다. 안전하다고 생각했던 공간이 더 이상 안전하다고 느껴지지 않는다.

도둑질은 죄다. 심지어 도둑질은 출애굽기 20장에 나와 있는 '십계명'에도 언급된다. 도둑질은 수많은 형식으로 발생한다. 은행이나 편의점을 터는 일은 쉽게 도둑질이라고 생각된다. 도둑질은 중역들이 현금을 유용하거나, 세금을 납부하지 않는 등, 기업 세계에서도 일어난다. 부모가 계산을 해야 한다는 사실을 알면서도 어린아이가 풍선껌 꾸러미를 자기 주머니에 몰래 집어넣는 것도 도둑질이다. 물론 수백만 달러를 도둑질한 결과가 단 일 달러를 도둑질할 때 생기는 결과보다는 더 크다. 그러나 도둑질의 피해액을 떠나 도둑질이 나쁘다는 원칙 때문에 도둑질은 곧 죄다.

도둑질은 그른 것이다

성경은 명확하게 도둑질이 그릇된 것이라고 가르친다. 구약성경은 도둑질을 정직하지 않은 일이라 말씀한다.레 19:11 또한 구약성경은 도둑질을 살인, 간음, 우상숭배와 함께 금지 목록에 포함시키고 있다.렘 7:9 신약

성경에서 예수님은 십계명의 다른 몇몇 계명들과 함께 도둑질을 언급하심으로써 도둑질이 죄라는 사실을 확언하셨다.마 19:18 바울 사도도 로마서 13장 9절에서 똑같이 주장한다.

성경적 증거 외에도, 역사를 통틀어 거의 모든 문화는 시종일관 도둑질을 그릇된 것으로 규정했다. 어떤 문화는 도둑질한 사람의 손을 잘라내는 형벌도 시행했다. C. S. 루이스는 자신의 책 『인간 폐지』The Abolition of Man, 홍성사의 뒷부분에 전 세계에 흩어져 있는 고대 저작물들과 종교에서 찾아낸 다양한 법률의 목록을 첨부했다. 루이스는 도둑질을 정죄하는 고대 유대교와 헬라 저작물뿐만 아니라 바빌로니아 탈무드와 고대 이집트 저작물까지 참고문으로 인용한다.17) 이를 통해 루이스는 절대적인 도덕법이 존재한다고 지적한다. 그리고 절대적인 도덕법은 도둑질을 명백히 죄라고 규정한다.

왜 도둑질이 그른가?

도둑질은 그른 것이다. 그러나 하나님의 품성에 반하는 것이라는 점을 제외하고, 왜 도둑질이 그른가? 도둑질이 올바르지 못한 가장 기본적인 이유는 피해를 당한 사람을 사랑하지 않는 마음의 동기 때문이다. 도둑질은 어떤 방식으로든 도둑맞는 사람에게 상처를 준다. 이 논점은 도둑맞아 본 사람이라면 굳이 설명이 필요 없을 것이다. 그냥 차를 도둑맞거나 집에 도둑이 든 경험이 있는 사람에게 물어보라. 비록 껌 한 통을 훔

친 것 자체로는 편의점 주인이 그렇게 큰 상처를 받지 않겠지만, 많은 사람들이 계속해서 도둑질한 값이 누적된다면, 주인은 피해를 입게 될 것이다. 그렇다면 가게 주인은 보안 카메라에 돈을 투자하게 될 것이며, 상품 가격을 올릴 수밖에 없다. 그 결과, 물건을 구입하는 모든 사람에게 부담이 돌아가게 한다.

재물보험에서는 고객들이 특별히 큰 타격을 입게 된다. 보험금을 타내기 위해 자신이 입은 손해나 다른 손실을 보험회사에 허위로 보고하는 보험사기 때문이다. 보험사기의 비용은 매년 800억 달러에 달하는 것으로 추산되고 있다.18) 이런 식으로 도둑질을 일삼는 소수의 사람들 때문에 모든 사람들의 보험 할증료가 인상되는 것이다.

도둑질이 옳지 않은 또 다른 이유는 하나님께서 사람들이 자신의 삶을 위해 스스로 노력하기를 원하시기 때문이다. 에베소서 4장 28절은 이렇게 기록한다. "도둑질하는 자는 다시 도둑질하지 말고 돌이켜 가난한 자에게 구제할 수 있도록 자기 손으로 수고하여 선한 일을 하라." 도둑질하는 것은 이기적인 행위다. 열심히 일하여 다른 사람들과 풍성하게 나누는 삶을 사는 것이 더 낫다.

아마도 현 시대에서 도둑질이 가장 빈번하게 일어나는 곳은 정보, 오락 분야다. 이런 것에는 음악이나 영화의 불법 다운로드, 소프트웨어나 비디오 게임의 불법 복제, 그리고 저작권 위반 같은 것들이 포함된다. 이러한 일이 도둑질이라는 것을 제대로 인식하지 못하는 사람도 있다. 그럼에도 불구하고, 저작권 심벌ⓒ이 새겨져 있는 제품을 허락 없이 복사본을 만드는 것 또한 도둑질이다. 구체적인 법의 내용은 미디어의 유형에 따라 다양하다. 도서의 경우, 책의 각주의 형태와 같이 원 출처가 합당하게 명시되어 있는 한에서는 원문을 인용하는 것이 허락된다. 프리젠테이션을 편집할 때 영화의 짧은 장면을 사용하는 것도 때때로 허용된다. 이런 일을 행하기 전에 법의 세부적인 내용을 점검하는 것이 중요하다. 그 저작물에 대한 판권이 없는 사람이 CD나 DVD의 복사본을 만들어 배포하거나 판매하는 것은 결코 용납되지 않는다. 영화에 대한 정당한 비용을 지불하지 않고, 친구에게서 영화를 빌려 복사본을 만드는 것은, 자동차를 훔치거나 집을 터는 것과 동일한 감정을 일으키지는 않지만 여전히 도둑질의 한 형태임은 틀림없다.

결론

비록 아주 일반적으로 일어나고, 때때로 행하기 쉽지만, 도둑질은 죄다. 성경은 이 문제를 명확하게 말씀하고 있다. 도덕법도 이 문제를 분명하게 이야기하고 있다. 도둑질은 도둑맞은 사람이나 회사만 상처 주는 것이 아니다. 모두가 그 대가를 지불하고 있다. 기술을 이용하여 정보를 불법으로 복제하는 것은 다른 사람에게 고통을 주지 않는 것 같지만, 결국 그것은 죄의 한 형태이며, 하나님과의 관계를 위태롭게 만들 것이다.

토론과 적용

1. 한 개인이나 회사가 재물이 너무 많아서 어떤 것이 없어졌는지를 절대로 인식하지 못한다. 그들의 것을 훔쳤을 때도 그것이 정말 도둑질인가? 당신이 제시한 대답을 변론해 보라.

2. 당신이 도둑질하지 않는 이유는 무엇인가? 체포될 것이라는 두려움인가? 그 이상의 다른 이유가 있는가?

3. 이 장에서 소개한 잃어버린 지갑 이야기는 이 책의 저자 가운데 한 사람이 실제로 경험했던 이야기다. 그 지갑을 주인에게 돌려주는 가장 합당한 대안은 무엇이라고 생각하는가? 아래에서 제시하는 대안에 대해 토의해 보라. 잃어버린 지갑 주인이 당신이라고 생각하고 "남에게 대접을 받고자 하는 대로 남을 대접하라."는 원칙을 적용해 보라. 그 지갑을 어떻게 처리해야 할까?

   a. 즉시 경찰에 신고한다.
   b. 가장 가까운 상점의 점원이나 매니저에게 갖다 준다.
   c. 그 지갑을 집으로 가져와 운전면허증을 통해 주인을 확인하고 지갑을 부쳐 준다.
   d. 잃어버린 주인이 돌아와 찾을 때까지 몇 분간 기다린다.
   e. 기타.

12

"하나님의 권세와 인간의 권세가 충돌할 때"

시민 불복종

그리스도인들은 늘 정부에 불순종해야만 하는가? 당신이 불의한 전쟁에 징집된다면, 어떻게 하겠는가? 정부가 인구증가를 막기 위해 두 번째 아이를 출산한 이후 다시 아이를 임신하는 부부에게 낙태를 강요하고 있다. 그런데 당신의 배우자가 세 번째 아이를 임신했다면 어떻게 하겠는가? 이 쟁점에 대한 세 가지 기본적인 접근법 중, 두 가지 접근법은 기본적으로 하나님이 정하신 정부의 권위를 인정하는 관점이다. 세 번째 관점인 무정부주의를 지지하는 사람은 많지 않다. 무정부주의는 절대로 정부에 복종할 필요가 없다고 주장한다. 그러나 이 접근법은 현실적이지 않다. 시민들이 정부의 권위를 무시하도록 허용하는 사회는 없기 때문이다. 따라서 우리는 이 장에서 무정부주의를 제외한 다른 두 가지 접근법을 좀더 자세히 다루고자 한다.

급진적인 애국심 Radical Patriotism

급진적인 애국자는 언제나 정부에 복종해야만 한다고 믿는다. 이런 입장을 취하는 사람들은 하나님께서 인간 정부를 세우셨고, 하나님이 인정하신 이런 권세에 저항하는 것은 하나님께 저항하는 것이라고 기록된 로마서 13장 1-4절을 성경적 근거로 삼는다. 흥미롭게도, 바울 사도는 네로가 로마의 황제이던 시절에 이 구절을 기록했다. 네로는 권좌에 오르기 위해 어머니를 살해하고, 수많은 그리스도인들을 핍박하고 죽였던 악한 통치자였다. 디도서 3장 1절과 베드로전서 2장 13절도 자신을 다스리는 행정 당국자들에게 복종하도록 권면한다.

급진적인 애국자는 악한 정부에게도 복종해야 한다고 생각한다. 하나님은 그러한 권력에 복종하여 악한 선택을 할 수밖에 없었던 개개인들에게 일일이 책임을 묻지 않으실 것이다. 또한 하나님께서는 한 나라의 사악함을 사용하셔서 다른 나라의 사악함을 심판하시기도 한다. 이것은 종종 구약에서 이스라엘의 죄를 심판하기 위해 악한 이방 나라들을 사용하셨던 경우와 같다.

그리스도인 애국자는 정부에 복종하는 것은 하나님께 복종하는 것과 같다고 생각한다. 그리스도인 애국자의 좌우명을 한마디로 말하자면, "옳든 그르든, 내 나라다."이다.

성경적 복종주의

성경적 복종주의Biblical Submissionism는 정부가 성경에 반하는 행동을 조장하거나 요구할 때 그리스도인들은 정부에 불복종할 권리를 가지고 있다는 주장이다. 하나님의 법은 절대적이며 인간의 법보다 더 높다. 따라서 정부에 대한 맹목적인 충성은 우상숭배의 한 형태가 될 수 있다. 우리는 정부가 하나님의 권위 아래에 존재하는 한 정부에 순종할 필요가 있다. 그러나 그들이 서로 충돌하는 영역에서는 하나님께 복종해야만 한다. 인간 권위에 반항하기 위해서가 아니라 하나님께 순종하기 위해서다.

그러나 성경적 복종주의자들은 시민 불복종의 선을 어디까지 그어야 하는지 합일점을 찾지 못하고 있다. 우선, 법이 죄를 짓도록 '강요'할 때에만 정부에 불복종할 수 있다는 견해가 있다. 이런 입장을 견지한 사람들은 낙태를 반대하기 위해 정부에 불복종하는 것은 잘못이라고 말한다. 정부는 단순히 악이 일어나도록 허용할 뿐, 정부가 나서서 낙태를 강요하는 것은 아니기 때문이다. 그러나 강압적인 정부는 때때로 사람들이 악을 행하도록 몰아가기도 한다. 이런 경우에만 그리스도인들은 정부에 불복종할 수 있다. 이러한 관점은 압제하는 정부에 대한 불복종을 찬성하는 성경적 예를 근거로 삼는다. 출 5장, 단 3, 6장, 행 4장, 계 13장 즉, 정부가 하나님 아래에 있을 때에는 항상 정부에 순종해야 하지만, 하나님의 자리를 차지할 때에는 정부에 복종해서는 안 된다. 롬 13:1-4

또 다른 접근법은 정부가 성경에 반하는 행동을 '강요'할 뿐 아니라

'허용'할 때도 정부에 불순종할 수 있다고 주장한다. 예를 들어, 이런 관점을 지닌 사람은 실제적으로 낙태가 일어나는 것을 막기 위해 무력을 행사하려고 할 것이다. 그러나 한 개인이 낙태를 시술하는 의사나 권력의 자리에서 악한 행동을 저지르는 다른 사람에게 무력을 사용하는 것은 성경적으로 정당화될 수 없다. 또한 낙태에 반대하는 법을 집행할 권리 역시 정부에 있다. 따라서 그리스도인은 어린 생명들을 보호하기 위해 교육과 정부 정책에 적극적으로 참가해야 한다는 주장이 가능하다.

법에 불복종하려는 계획을 가지고 있는 사람은 다음과 같은 가이드라인을 따라야만 한다.

1. 당신의 행동에 성경적인 이유가 있다는 사실을 명확히 하라.
2. 평화로운 방법을 사용하라.
3. 악을 조장하는 나라에서 떠나는 방법도 있다는 사실을 유념하라.
4. 불복종의 결과를 기꺼이 수용하라.
5. 저항은 적극적인 영적·도덕적·정치적 노력을 수반할 수 있다는 사실을 기억하라.

결론

무정부주의는 언제나 시민 불복종을 찬성한다. 급진적인 애국심은 어떤 이유라도 시민 불복종을 금지한다. 성경적 복종주의는 때때로 시민 불복종을 허용한다. 하지만 불복종이 정당화될 수 있는 상황에 관해서는 의견이 일치하지 않는다. 성도의 마음은 항상 하나님과 정부에 복종하려는 마음이어야만 한다. 그러나 하나님의 법과 정부의 법이 충돌하는 것을 발견하면, 인간의 법보다는 하나님의 절대적인 법에 순종해야만 한다.

토론과 적용

1. 국가 정책 전쟁, 경제 정책 등에 대한 맹목적인 충성은 급진적인 애국심의 한 형태라고 생각하는가?

2. 중앙정부의 법률이 성경과 충돌할 때, 각 지방자치단체는 중앙정부의 법률에 저항할 권리가 있는가? 예를 들어, 중앙정부가 지방자치단체들이 창조론을 진화론과 함께 가르치지 못하도록 하면서, 인본주의적이고 비성경적인 철학을 조장하는 커리큘럼을 공립학교에서 사용하도록 규정하면, 각 지방자치단체는 중앙정부의 조치에 불복하고, 각급 학교에서 창조론을 가르치는 것을 허용할 권리가 있는가?

3. 미국독립혁명은 단순한 시민 불복종 행위였는가? 아니면 벌을 받아야 할 반역이었는가?

13
"그들을 섬기는 것이 곧 그분을 섬기는 것"
경제적 불공평

2004년 미국의 중산층 가구 수입은 44,000달러였다. 그러나 그 수치는 모든 사람이 그런 경제 수준을 누리고 있다는 의미는 아니다. 약 3천 7백만 명이 3인 가구당 15,067달러라는 최저생계유지비에 미치지 못하는 소득으로 살아간다.[19] 그리고 거의 4천 6백만 명이, 이들 가운데 많은 사람들은 다른 충분한 수입이 있음에도 불구하고, 건강 보험에 가입하지 않고 살아가고 있다. 반면, 2005년 기준으로 약 9백만 세대가 순자산으로 백만 달러나 그 이상의 자산을 보유하고 있는 것으로 조사되었다.[20]

부자가 되는 것이 죄는 아니지만 아브라함과 욥도 부자였다. 가난한 사람을 돕지 않는 것은 잘못이다. 거대한 사업체를 운영하는 사람 결과적으로 가난한 사람들에게 많은 직장을 제공하는 사람이 사업에 투자하려면 충분한 부가 필요하다. 그럼에도 불구하고, 가난한 자들을 압제하는 것은 잘못이다. 어떤 억만

장자의 순자산은 작은 국가의 국내 총생산보다 더 많다. 그런 경우, 정부가 가난한 자들에게 의식주와 건강보험을 제공하기 위해 부를 소유하고 있는 사람들에게 재산의 일부분을 내놓으라고 강요할 수 있는가? 특정량 이상의 모든 수입은 가난한 자들을 돕기 위해 사용하도록 규정하는 '최대 임금법'이 있어야만 하는가?

고소득자들은 이미 저소득자들보다 더 높은 비율의 세금을 내고 있다. 그리고 중앙정부는 이 돈을 다양한 복지와 의료 정책에 사용함으로써 가난한 자들을 돕고 있다. 어떤 사람들은 부자에게서 더 많은 세금을 거두어야 한다고 주장한다. 다른 사람들은 그렇게 한다면 사업체를 소유한 사람들이 새로운 직원을 고용할 여유 자금이 줄어들게 되어 경제에 타격을 입힐 것이라고 믿는다. 더구나, 더 많이 버는 사람들을 규제함으로써 생산성과 소득을 증가시키려고 열심히 일하는 사람들을 낙심하게 만들 수도 있다. 또한 일하지 않고도 매달 정부를 통해 돈을 받게 된다면 사람들이 게을러질 수도 있다.

정치적인 논쟁이 격렬해지는 동안, 그리스도인들은 지혜를 구하기 위해 성경을 읽어야만 한다. 가난과 가난한 사람들을 대하는 방법에 관한 참고 구절들은 너무 많아서 이 장에서 모두 다루기는 어렵다. 따라서 가난에 대한 성경적 관점을 반영하는 몇 가지 원칙을 요약해 본다.

예수님은 가난한 삶을 사셨다. 바울은 우리 모두가 자기 가족을 돌보아야만 하며 그렇지 않으면 "불신자보다 더 악한 자"라고 가르쳤다.딤전 5:8 예수님은 가난한 사람들을 먹이고, 입히고, 그들에게 거처를 제공하는 사람은 간접적으로 예수님을 섬기는 것과 마찬가지라고 하셨으며, 가난한 사람들을 돌보지 않은 사람은 심판 받을 위험에 처해 있다고 가르치셨다.마 25:34-40 다윗은 의로운 사람은 은혜를 베풀고 나누어 준다고 가르쳤다.시 37:21 사도 요한은 이렇게 기록한다. "누가 이 세상의 재물을 가지고 형제의 궁핍함을 보고도 도와 줄 마음을 닫으면 하나님의 사랑이 어찌 그 속에 거하겠느냐."요일 3:17 잠언 19장 17절은 이렇게 선포한다. "가난한 자를 불쌍히 여기는 것은 여호와께 꾸어 드리는 것이니 그의 선행을 그에게 갚아 주시리라."

그리스도인들이 가난한 자들에게 기울이는 관심의 정도는 자신이 하나님과 어떤 관계를 맺고 있는지 가늠할 수 있는 훌륭한 기준이 된다.잠 14:21, 31, 17:5, 21:13, 28:27, 31:20 가난한 사람들을 이용하여 부유해지는 것은 잘못이다.잠 22:16, 22-23 심지어 모세의 율법도 가난한 자들에게 돈을 빌려 주고 이자를 받는 것을 금지한다.출 22:25, 레 25:35-37 하나님은 후히 나누어 주는 자에게 갚아 주실 것이다.잠 28:8

구약 율법은 가난한 자들이 들판에서 이삭을 주울 수 있도록 허락함으로써 약자를 돕는 사회적 장치를 마련했다.레 19:9-10, 23:22, 신 24:19-20 신약 시대에 집사들은 가난한 자들과 궁핍한 자들을 도와야 했다.행 6:1-6 교회 헌금의 일부분은 가난한 자들이나 고난을 겪고 있는 동료 그리스도인들을 위해 사용되어야 했다.신 14:28-29, 롬 15:25-27, 고전 16:1-2

가난한 자를 돕는 문제에 대한 일반적인 반대 의견

1. "가난한 자를 도우면 그들의 게으름을 부추기게 된다."

    게으른 사람들이 있는 것은 사실이다. 훌륭한 청지기라면 다른 사람을 도와줄 때 이 사실을 잘 분별할 것이다. 그럼에도 불구하고, 많은 사람이 자신이 통제할 수 없는 고난을 당하고 있다. 그리고 기꺼이 일할 의도가 있는 살전 4:11 가난한 사람을 돕는다면 그들도 자립할 수 있게 될 것이다.

2. "육체적으로 치료하고, 먹이고, 옷 입힐 수는 있지만, 사람들은 여전히 그리스도 없이 죽어가고 있다."

    다른 사람들보다, 예수님은 이 사실을 잘 알고 계셨을 것이다. 하지만 예수님은 여전히 가난한 자들과 함께 사시고, 사역하시면서 공생애의 많은 부분을 보내셨다. 또한 예수님은 반복해서 가난한 자들이 사역의 대상이 되어야만 한다고 가르치셨다. 마 25:34-40, 눅 3:11 때때로 사람들은 다른 필요들이 충족되기 전까지는 중요한 영적 필요에 반응하지 않을 것이다.

3. "성경은 가난한 자들은 항상 너희와 함께 있을 것이라고 말씀하신다"(마 26:11).

    이 말씀은 진실이다. 이것은 아마 하나님 계획의 일부분일지도 모른다. 그래서 다른 사람을 도와줄 수단을 가지고 있는 사람들이 그들을 지원할 충분한 기회를 갖게 될 것이다. 이 본문은 가난한 사람들은 늘 우리와 함께 있으므로 그들을 도와주어서는 안 된다는 의미가 결코 아니다.

　이 구절은 신명기 15장 11절의 말씀을 인용한 것이다. 신명기 15장은 가난한 사람들이 진 빚은 매 7년마다 면제해 주라는 내용이다. 이 명령은 현실적으로 실천하기 어려울 수 있다. 그러나 그것이 이상理想은 아니다. 이상은 그 장의 앞부분에서 이렇게 진술되어 있다. "너희 중에 가난한 자가 없으리라."신 15:4

4. "열심히 일하면 돈을 벌 수 있다."

　열심히 일하는 사람들은 자신이 합당하게 생각하는 대로 수입의 일부분을 사용할 권리가 있다. 그러나 여전히 하늘과 땅의 모든 것은 하나님께 속해 있다는 사실을 기억해야만 한다.시 24:1 직업과 교육적 기회뿐만 아니라 돈과 재능을 포함해 우리가 가진 모든 것은 하나님께서 우리에게 주신 것이다. 받은 것의 일부분을 하나님께 돌려 드리고, 다른 사람들과 나누는 것은 당연한 것이다.

　아주 열심히 일하지만 여전히 가난한 사람도 있다. 이런 사람들은 아마 좋은 직업을 잃었거나 경제적으로 열악한 지역에 살고 있다. 아이들을 돌보는 것과 일하는 것 중 하나를 선택해야만 하는 젊은 홀어머니들도 있다. 어느 쪽을 선택하든 재정적으로 어렵다.

　각각의 반대 의견에는 하나님께서 성도들에게 가난한 자들을 도와주라고 명령하셨다는 사실로 대답할 수 있다.

어떻게 도울 것인가?

성경 어디에도 가난한 자를 도와주라고 강요하는 명령이 없다고 재빨리 지적하는 사람들도 있을 것이다. 그럼에도 불구하고, 앞서 소개한 참고구절들을 통해 참된 성도라면 이 일을 억지로 해서는 안 된다는 강한 논거를 구축할 수 있다. 더 많이 소유한 사람들은 하나님께 감사하는 마음으로 궁핍한 자를 긍휼히 여기며 풍성하게 나누어야만 한다. 개인적인 유익을 위해 구제해서는 안 되지만 하나님께서는 구제하는 자에게 복을 약속하셨다.

각 개인이 가난한 사람들을 효과적으로 도울 수 있는 구체적 방안은 다음과 같다.

1. 하나님께서 당신에게 맡겨 주신 돈에 책임을 지라. 선한 청지기로서, 당신과 당신의 가족을 경제적으로 보호하며 다른 사람들에게 더 많은 것을 베풀도록 노력하라.
2. 주변 사람들의 결핍에 민감하라. 그들을 도울 방법을 생각해 보라. 돈 외에도 여러 가지 방법으로 다른 사람들을 도울 수 있다는 사실을 기억하라.
3. 가난한 사람들을 구제하는 전문 기관이나 사역 단체에 기부하라.
4. 가난한 사람들을 돕는 일을 전문적으로 감당하는 기관에서 자원봉사하라.
5. 당신이 섬기는 교회가 구제와 전도를 결합할 수 있도록 목사님께 여러 가지를 제안하라.

결론

가난한 사람들을 돕는 것은 실행에 옮겨야 할 올바른 일이다. 하나님의 변하지 않는 본성에 기초한 절대불변의 도덕적 기준들을 포함하고 있기 때문이다. 하나님은 사랑과 공의의 하나님이시다. 인류 가운데 존재하는 경제적 불균형은 사회적 불공평의 한 유형이다. 이 말은 모든 사람이 동일한 수준의 부를 가져야만 한다는 의미가 아니다. 성경은 어떤 유형의 정치적 혹은 경제적 체제를 직접적으로 후원하거나 지지하지 않는다. 다만, 성경은 우리가 주위 사람을 사랑하고 그들을 관대하게 대하는 삶을 살아가도록 격려한다.

토론과 적용

1. 지역 빈민을 위한 무료식당이나 노숙자 쉼터를 방문할 계획을 세워 보라.

2. 선거에서 지지할 후보를 결정하는 데, 가난이라는 문제가 낙태와 같은 다른 도덕적 쟁점들만큼 무게 있게 다루어져야 할 윤리적인 문제라고 생각하는가?

3. 가난과 관련한 정치적 현안은 무엇인가?

4. 어떻게 하면 선한 청지기로서 가난한 사람들을 도와줄 수 있겠는가?

5. 당신이 섬기는 교회는 가난한 사람들을 어떻게 돕고 있는가?

14

"참사랑을 왜곡하는 빗나간 유혹"

동성애

　오늘날 미국 사회에서 동성애보다 논란이 많은 주제는 없다. 동성애와 관련된 오명은 대부분 동성애를 조롱하거나 격렬하게 비난하는 개인들이 과장한 것이다. 그동안 동성애자들은 정신이 이상하다거나 용서할 수 없는 죄를 지은 사람들로 낙인찍혀 왔다. 그리고 다른 한쪽 극단에서는 호전적인 게이들이 공교육 시스템과 대중매체를 통해 자신들의 주장을 적극적으로 드러내고 있다.

　동성애는 개인이 선택한 것인가, 아니면 한 개인의 유전학적 구조에서 발현된 성정체성인가? 만약 사회가 동성애를 인정한다면, 어떤 준비를 해야만 하는가? 회사는 이성 간 결혼한 커플에게 제공하는 것과 동일하게 건강보험 혜택을 게이 근로자와 그 배우자에게까지 확대해야 하는가? 어떤 주는 동성애 결혼을 인정한다. 그렇다면 주 정부는 동성애 '결혼'을 인정할 뿐만 아니라 자녀 입양권을 포함하여 이성 간에 결혼한 커플이 제공받는 모든 권리를 동성애 커플에게 제공해야만 하는가?

성경에는 동성애와 관련된 수많은 구절이 기록되어 있다. 그 중에 어떤 구절도 동성애를 긍정적으로 조명하지 않는다. 그럼에도 불구하고, 그리스도인이라고 주장하는 동성애자들은 이런 성경구절을 다양한 방식으로 해석한다.

동성애 찬성 입장

1. 성적 취향Sexual tendencies은 유전된다. 게이가 되는 것에는 선택의 여지가 없다. 동성애 커뮤니티에 속해 있는 사람들은 대부분 자신의 성향이 타고난 것이라고 주장한다. 따라서 '정상인'이 되려는 노력이 정상인 사람들이 게이가 되려는 노력만큼이나 부자연스럽다는 것이다. 동성애 성향을 바꾼다는 것은 눈이나 피부 색깔을 바꾸는 것과 같다는 것이다.
2. 사람들은 사생활의 자유가 있다. 다른 사람에게 피해를 주지 않는 한 그 사람의 자유는 존중되어야 한다. 이성애자들로 구성된 다수가 소수의 동성애자들에게 그들의 생활방식을 강요해서는 안 된다.
3. 공교육 체제는 게이의 권리를 옹호하고, 게이 관계를 정상적인 생활방식의 하나로 제시할 수 있도록 보다 진보적인 태도를 지녀야 한다.
4. 두 사람의 사랑을 사회가 통제하거나, 종교적인 그룹이 모욕해서는

안 된다. 결혼을 포함해 이성애자들과 동일하게 게이들도 서로에게 사랑을 표현할 수 있도록 허용되어야 한다.
5. 게이 커플이 어린아이들을 입양할 수 있도록 허용해야 한다. 가족 구성원들이 서로 어떤 유형의 관계를 맺고 있든 상관없이, 애정이 깃들었다면 그곳은 아름다운 가정이다.
6. 이사야 56장 3-5절 메시아 왕국의 고자들에 대한 언급은 교회 안에 동성애자들이 존재하게 될 것을 예언하는 구절이다.
7. 다윗과 요나단 사무엘상 18-20장과 같이 성경 안에 게이 관계를 인정하는 본문들이 포함되어 있다.

동생애 찬성 입장에 대한 반박

1. 동성애는 선택의 결과다. 여러 해의 연구에도 불구하고, 유전학자들은 '게이 유전자'가 존재한다는 사실을 입증해 내지 못했다. 다른 남자들보다 더 낮은 테스토스테론 호르몬 수치를 가지고 있는 남자들도 있고, 다른 여자들보다 더 높은 테스토스테론 호르몬 수치를 가지고 있는 여자들도 존재한다. 이런 호르몬 요소가 동성애를 선택한 사람에게 영향을 미쳤을 수도 있다. 그럼에도 불구하고 한 사람의 욕망과 상관없이 행위는 그 사람의 선택에 달려 있다. 모든 사람들이 각자 자신의 충동이나 욕망에 따라 행동하는 사회를 상상해 보라. 그런 사회는 폭력과 성적 학대와 도둑질과 다른 심각한 범죄들을 통제

할 수 없게 될 것이다. 모든 책임 있는 사람들이라면 어느 정도 자신을 절제하며 살아가고 있다. 욕망이 결코 행동을 정당화하지는 않는다. 이것은 이성애자들과 동성애자들 모두에게 해당된다.

2. 어떤 유형의 성교육 커리큘럼이라도 동성애가 건강에 미칠 위험을 지적하지 않은 채, 동성애를 선동해서는 안 된다. 다른 사람에게 상처를 주지 않는 이상은 자신이 원하는 것을 할 수 있어야 한다고 생각하는 게이들은 그들의 성향이 사랑하는 가족 구성원들과 친구들뿐만 아니라 자기 자신에게도 상처를 줄 수 있다는 사실을 깨달아야 한다. 사생활의 권리는 부도덕한 행위를 할 권리가 아니다. 마찬가지로, 성인들 사이에 서로 동의했다 하더라도 성경적으로 부도덕한 행위는 정당하지 않다.

3. 동성애는 건강에도 해악을 끼친다. 동성애 라이프스타일은 에이즈와 결장과 직장암과 간염의 위험을 증가시킨다.[21] 동성애 남성은 에이즈에 걸리지 않는다 하더라도 20년 이상 수명이 단축된다.[22] 어떤 동성애자들은 이런 사실을 밝히는 데 분개할지도 모른다. 하지만 그것이 사실이라면 그들도 알아야만 한다. 흡연자들은 흡연이 자신의 건강을 위태롭게 할 수 있다는 사실을 알 권리가 있다. 그들을 사랑하는 마음으로 동성애자들에게 이런 사실을 알려야 한다.

4. 어떤 사회든지 인류의 건강을 해치는 행동을 규제할 권리를 가지고 있다. 우리 사회에 있는 그런 훌륭한 규제에는 마약 사용, 안전벨트 착용, 음주운전에 관한 법률이 포함된다.

5. 성경적 결혼 제도는 한 남자와 한 여자 사이에 이루어진다. 창 2:24 이

모델에서 벗어나는 그 어떤 모습도 하나님이 품으신 이상理想이 아니다. 가정에서 어린아이들이 양성 어른들 밑에서 자란다면, 그들이 성인이 되었을 때도 양성을 이해하고 감사하게 된다.

6. 이사야 56장 3-5절에 나오는 고자는 동성애자들이 아니다. 오히려, 고자는 성기가 없는 자이지, 동성애자가 아니다. 교회 시대에도 독신의 특별한 은사를 가진 남자들이 있다. 아마도 어느 누구에게도 강력한 성적 욕망을 느끼지 않는 남자들이 있을 것이다. 이런 남자들은 '영적인 고자'라고 분류할 수 있다.

7. 성경 속에서 동성애 찬성 의제만을 읽어 내려 한다면 다윗과 요나단 사이 역시 동성애로 이해하려 할 것이다. 다윗은 여러 명의 아내를 두었다. 성경에는 이들 두 남자가 가까운 우정 이상의 다른 관계를 맺었다는 증거가 발견되지 않는다. 사실, 성경에는 게이 관계를 찬성하는 기록이 전혀 없다. 반면, 동성애를 비판하는 구절은 매우 많다.

성경의 참고구절

1. 하나님께서는 인류를 창조하시며 이성애라는 독특한 양식을 정하셨다. 창세기 2장 24절은 이렇게 기록한다. "이러므로 남자가 부모를 떠나 그의 아내와 합하여 둘이 한 몸을 이룰지로다." 히브리서 기자는 이렇게 기록한다. "모든 사람은 결혼을 귀히 여기고 침소를

더럽히지 않게 하라 음행하는 자들과 간음하는 자들을 하나님이 심판하시리라."히 13:4

2. 소돔과 고모라가 멸망한 유명한 이야기를 통해 동성애 행위를 묘사하는 '남색'sodomy이라는 단어가 생겨났다. 그곳의 남자들은 소돔의 멸망을 경고하기 위해 롯에게 파송된 하나님의 사람들과 성적인 행위를 하려 했다. 이들 하나님의 사람들은 사실 변장한 천사들이었다. 이들은 그 남자들의 눈을 멀게 했다. 그들의 행동은 죄악이었기 때문에 심판을 받았다. 그럼에도 불구하고, 대중적인 해석과 상반되지만, 본문 속에서 소돔의 죄악은 명확하게 동성애라고 규정되어 있지 않다.

3. 하나님께서 아브라함에게 처음으로 임박한 멸망에 대해 말씀하셨을 때, 단순히 "그 죄악이 심히 무거우니"라고 묘사하셨다.창 18:20 유다서 1장 7절은 그들의 죄악이 성적인 부도덕과 관련 있다는 사실을 지적한다. 소돔과 고모라에 불과 유황으로 임한 믿기지 않는 심판의 이유가 동성애라는 죄 하나만은 아니지만, 그 이유의 일부분은 되는 것 같다.겔 16:49을 보라. 모세의 율법은 동성애라는 죄를 죽을죄로 묘사한다. 레위기 18장 22절은 두 남자가 동침하는 행위를 가증한 일이라고 규정한다. 어떤 사람들은 이 구절이 구약 율법의 일부분이기 때문에, 이 본문을 동성애라는 죄를 반대하는 본문의 목록에서 제거하려고 한다. 오늘날에는 성인들이 서로의 동의 하에 동성애를 행하는 것을 죽을죄로 생각하는 사람은 극히 드물다. 그럼에도 불구하고, 율법에서 동성애가 죽을죄였다는 것은 그만큼 구

약성경의 기록자들이 동성애를 엄중한 죄로 보았다는 사실을 알 수 있다.

4. 로마서 1장 24-27절은 이방인들이 행하던 동성애를 묘사하며 죄악 된 욕망, 성적인 더러움, 욕되게 함, 순리대로 쓰지 않음, 부끄러운, 음욕이 불 일 듯함, 그릇됨 등의 용어를 사용했다. 바울은 이 본문을 우상숭배와 자만심 같은 다른 죄를 다루는 본문의 문맥 속에 포함하고 있다. 어떤 사람들은 동성애라는 죄가 다른 모든 죄보다 더 악한 죄라는 사실을 지적하기 위해 이 본문을 인용하기도 한다. 그러나 이런 접근법은 거만하고 독선적인 것이며, 게이 커뮤니티를 바른 길로 인도하거나 그들을 치유하는 데 도움이 되지 못한다. 이 본문은 명확하게 동성애라는 죄를 반대하는 말씀이지만, 동성애를 다른 죄악들보다 더 악한 죄로 규정하지도 않는다. 좀 전에도 지적했던 것처럼, 동성애라는 죄와 함께 다른 죄악들의 긴 목록도 뒤따르기 때문이다. 28-32절 그리스도인들은 다른 사람의 죄악을 지적하기보다는 자신의 죄악을 먼저 깨달아야 한다는 사실을 기억해야 한다.

5. 고린도전서 6장 9절하-10절은 이렇게 기록한다. "음행하는 자나 우상 숭배하는 자나 간음하는 자나 탐색하는 자나 남색하는 자나 도적이나 탐욕을 부리는 자나 술 취하는 자나 모욕하는 자나 속여 빼앗는 자들은 하나님의 나라를 유업으로 받지 못하리라." 바울 사도는 고린도교회 성도들 중에 몇몇이 이 구절에서 언급한 동일한 죄악으로 씨름하고 있다는 사실을 지적한다. 그들이 그리스도께로 회심

하고 난 이후로, 더 이상 이런 죄악을 행하지 않으리라 기대했다. 여기서도, 동성애라는 죄는 다른 죄악들의 목록에 포함되어 있다.

기독교의 대답

그리스도인은 이 장의 앞부분에서 제기한 몇 가지 질문과 계속하여 맞붙어 싸워야만 한다. 비록 많은 교회와 다른 기관들이 동성애자들을 치유하는 사역을 하고 있지만 더 많은 발전이 필요하다.

성경은 동성애라는 범죄를 정죄한다. 동성 성욕은 성이라는 하나님의 선물을 곡해하는 것이다. 이 장에서 동성애와 관련한 모든 논쟁들을 다 다루지는 않았다. 그럼에도 불구하고 동성 성욕이 옳은가 그른가에 대한 성경적 관점을 증명하기에 충분한 증거들을 제시했다.

그리스도인들은 동성애 행위가 그리스도의 사랑이 필요한 많은 사람들에게 아주 현실적인 유혹이라는 사실을 깨달아야만 한다.

게이 커뮤니티에 속해 있는 사람을 조롱하는 것은 그들이 그리스도를 떠나게 만들고, 사랑과 수용을 찾아 그리스도가 아닌 다른 어떤 곳으로 떠나도록 만들 뿐이다. 그런 행동은 교회 안에 참사랑이 전혀 존재하지 않는다는 잘못된 생각을 강화시킬 수 있다. 그러나 오늘날 동성애 커뮤니티에게 전할 말보다 "죄는 미워해야 하지만 죄인은 사랑"하는 것이 더 중요하다는 견해를 좀처럼 찾아볼 수 없다는 사실이 안타깝다.

토론과 적용

1. 동성애 커뮤니티와 교제할 때 사랑 안에서 참된 것을 말하라는 원칙을 어떻게 적용할 수 있는가?

2. 사람들이 동성애라는 죄를 다른 성적인 죄보다 더 악한 것으로 보는 이유가 무엇이라고 생각하는가?

3. 가까운 친구 가운데 한 사람이 게이가 되려는 생각을 해 왔다고 말한다면, 당신은 이 문제를 어떻게 다루겠는가?

추천도서

· Geisler, Norman L., *Frank Turek Legislating Morality: Is It Wise? Is It Legal? Is It Possible?* (Minneapolis: Bethany House, 1989).

15
"울타리 안에서만 가장 아름다운 성"

이성애

노르웨이에서는 첫 번째 자녀 가운데 80퍼센트가 혼외 관계 속에서 출생한다.23) 과거 어느 때보다도 더 많은 사람들이 결혼보다 동거를 택하며 5천 년 이상 이어진 인류역사와 전통에 대항하고 있다.

문명이 시작된 이래로, 인류의 성행위는 많은 사람들에게 논쟁거리를 제공하며 때때로 혼란을 일으키기도 했다. 많은 사람들이 성을 결혼관계 안에서만 제한하는 성경의 좁은 기준에 의문을 제기한다.

미디어와 대중문화는 아주 극소수의 사람들만이 전통적인 기준에 동의하는 것처럼 몰아간다. 하지만 실제로는 성경의 기준을 따라 살아가기로 선택하는 수많은 사람들이 여전히 존재한다.

그러나 다수의 사람들이 무엇을 믿는지 혹은 그들이 어떻게 살아가기로 선택했는지보다 더 중요한 것은 무엇이 옳으냐는 윤리적인 개념이다.

성의 목적

출산

하나님께서 인류를 창조하셨을 때, 남자와 여자를 만드셨다. 하나님은 그들에게 이렇게 명령하셨다. "생육하고 번성하여 땅에 충만하라." 창 1:28 성의 기초적인 목적은 출산 혹은 번식이다. 하나님께서는 어머니와 아버지가 있는 가정에서 어린아이가 자라나는 최선의 시나리오를 만드셨다. 때때로 이혼이나 사별 등으로 이런 이상理想은 이루어지지 못할 때도 있다. 죽음은 피할 수 없다. 때때로 이혼은 불가피하다. 그러나 여전히 전통적인 가족의 몰락에 영향을 미치는 압도적인 이유는 비성경적인 성행위다.

다른 어떤 성적 표현도 가족을 양육하는 이상적인 환경을 만들어 내지 못한다. 상식에서 벗어난 성행위로 수많은 낙태가 발생하고 원치 않은 수많은 아이들이 출생한다. 결손 가정에서 자라나는 아이들은 종종 학교생활과 직장생활, 결혼생활을 하며 또 힘든 적응기간을 거쳐야 한다.

기쁨

아가서는 성행위가 갖는 아름다움과 결혼 관계 속의 기쁨을 묘사한다. 하나님은 성을 창조하셨다. 그러므로 인류는 결혼이라는 범주 안에서는 성행위에 죄책감을 느끼지 말아야 한다. 어떤 그리스도인들은 성행위를 필요악으로 정죄했고, 어떤 그리스도인들은 아담과 이브가 범죄한 것을 성행위 탓으로 돌리기도 한다. 그러나 이 두 관점에는 어떤 성경적 근거도 찾을 수 없다. 사실, 히브리서 기자는 결혼의 침소를 더럽히지 않게 하라고 말씀하신다.히 13:4 결혼의 침소라는 말은 이상적으로 순결한 공간을 의미한다.

예표

이상적인 결혼은 그리스도와 교회가 맺은 관계엡 5:32와 같다. 우리가 신앙 여정을 통해 다른 신이나 우상을 예배하지 말아야 하는 것처럼, 배우자를 제외한 다른 사람과 그 어떤 간통이나 정사情事도 맺어서는 안 된다. 결혼 속에서, 성적 욕망의 유일한 대상은 배우자가 되어야 하는 것처럼, 삶 속에서 우리의 영적 욕망의 유일한 대상은 하나님이 되셔야 한다.

성행위는 남편과 아내가 다른 어떤 사람과도 나눌 수 없는 혹은 나누어서는 안 되는 친밀감을 가져다준다. 배우자 중 한 사람이라도 상대방에게 진실하지 않으면 아무도 이런 열린 친밀감을 표현할 수 없다. 어느 영역이든 신뢰가 무너지면 종종 결혼생활이 이혼으로 끝나기도 한다.

마찬가지로 하나님과 맺은 관계도 유일무이한 영적 친밀감의 수준에 도달해야만 한다. 하나님과의 관계 속에서는 이 세상에 있는 다른 영적인 힘이나 존재와는 비교할 수 없는 수준의 애착과 헌신이 존재해야 한다.

혼외정사의 위험

1. 원치 않는 아이

하나님의 뜻을 벗어나 이기적으로 성행위를 하는 사람들은 종종 원치 않는 아이를 낳게 된다. 많은 경우 이런 아이들은 육체적·정서적 욕구를 채워 주는 성숙하고 애정 어린 부모의 관심을 받을 수 없다. 십대 임신은 종종 임신한 십대에게나 어린아이 모두에게 곤란한 일이다. 나아가 대다수의 낙태는 비성경적인 성행위의 결과로 발생한다.

2. 성병

성병sexually transmitted disease, STD에 걸린 사람들의 통계는 놀라울 정도다. 이런 질병들 가운데 대부분은 치료가 불가능하다. 또한 여러 해 동안 잠복하기 때문에 자신도 모르게 질병을 전염시킬 수 있다. 이런 질병들은 특정 암의 위험을 증가시키기도 하고, 고통도 심하다. 이런 성병에 걸리면 난처하다. 그러나 금욕을 제외하고 어떤 피임법도 성병을 막을 수 없다. 만약 성적인 경험이 없는 두 사람이 결혼을 한다면, 성병에 걸릴 확률은 사실상 0%이다. 만약 성병에 걸린 것 같다고 의심된다면, 다른 사람에게 전염시키지 않도록 의료진에게 적절한 치료를 받아야만 한다.

3. 상한 마음

사랑에 빠졌다고 생각하는 많은 젊은이들은 정말로 육욕의 강렬한 열망 때문에 잘못된 판단을 한다. 어떤 사람은 성욕 때문에, 사랑하며 결혼하겠다는 약속을 하며 성관계를 꺼려하는 파트너를 압박한다. 많은 어린 소녀들은 이런 거짓 언약을 믿고 처녀성을 잃어버렸고, 결국에는 상한 마음만 남는다.

당신이 너무나 사랑하는 그 사람에게 당신이 줄 수 있는 최고의 것을 주고 싶다고 생각해 보라. 당신의 최선을 행동으로 보여 주고 싶고, 그 사람에게 당신이 최선이 되고 싶다. 당신은 결혼을 의논하기 시작하고, 그 사람은 결혼하게 될 배우자를 위해 자신을 순결하게 지켜 왔다고 말한다. 그러나 유감스럽게도 당신은 그런 선물을 줄 수 없다. 그 사실을 알고 상대방이 상처를 받게 된다면 당신 역시 감당하기 어려운 고통을 겪을 것이다.

4. 깨어진 결혼

통계자료는 결혼 전에 서로 성관계를 가진 사람들이 결혼 후에 이혼할 가능성이 가장 높다고 지적한다. 전문가들도 그 이유를 밝혀 내지 못했지만 결혼 전에 기꺼이 규칙을 깨뜨린 사람이 결혼 후에도 규칙을 잘 지키지 못할 것이라는 생각이 가능하다. 결혼하고 나서도 해결되지 않은 죄책감은 아마도 장차 더 큰 문제점으로 자라갈 것이다. 주로 성관계로 쌓은 관계들은 데이트 관계를 유지하는 동안 건강한 우정을 세우지 못할 가능성이 높다. 혼전 성관계는 나중에 살아가면서 결혼의 문제점으로 드러날 수 있다.

간통 때문에 무수한 결혼이 깨어진다는 사실은 굳이 말할 필요도 없다. 어떤 부부들은 간통 이후에 부부관계를 회복할 방법을 찾지만, 평생 간통으로 인한 상처와 기억을 안고 살아가게 된다. 슬프게도, 보통 간통은 별거나 이혼으로 끝난다.

5. 영혼의 파멸

모든 죄는 하나님과의 관계에 악영향을 미칠 것이다. 많은 죄는 다른 사람들과의 부조화로 끝나게 될 것이다. 성적인 죄 역시 하나님과, 다른 사람들과의 단절을 초래하게 될 것이다.

결론

성경적 성행위는 단순하다. 배우자를 위해 자신을 지키고, 배우자에게 충실하는 것이다. 만약 사회의 모든 구성원들이 이렇게 행한다면, 질병과 낙태와 상한 마음과 원하지 않는 상황 속에서 태어나는 아이들이 더 줄어들게 될 것이다. 그것은 복지와 건강관리와 범죄에 관한 비용을 줄이는 직접적이고 긍정적인 효과를 가져 올 것이다.

동성애라는 죄 역시 심각하지만, 이성애와 관련된 죄를 짓는 사람들이 많기 때문에, 이성애와 관계된 죄가 사회에 더 치명적인 영향을 준다고 생각할 수도 있다. 혼자서 사회를 변화시킬 수는 없다. 그러나 성에 관한 성경적 원칙을 따른다면, 미래의 배우자와 맺게 될 행복한 관계를 안전하게 지킬 수 있으며, 오늘 주님과의 관계도 지켜 낼 수 있을 것이다.

토론과 적용

1. 진보적인 성향의 사람들은 초등학교에서부터 시작해 공립학교에서 과감한 성교육을 실시해야 한다고 주장한다. 당신은 이런 교육이 우리 사회에서 성행위와 관련된 문제들을 해결하는 데 도움을 줄 것이라고 생각하는가? 아니면 사람들에게 상처를 줄 것이라고 생각하는가? 왜 그렇게 생각하는가?

2. 왜 많은 젊은이들이 성행위를 하기 위해 성병과 마음의 상처와 원치 않는 임신의 위험을 기꺼이 무릅쓴다고 생각하는가? 마음속 깊은 영적 욕구들을 잘못된 방법으로 채우려는 것은 아닐까?

16

"도덕적 삶을
뒤흔드는 위험한 힘"

포르노그래피

성행위는 단순히 성적인 행동에만 국한되는 것이 아니다. 도덕적으로 순결함을 지키려 애쓰는 사람이라면, 결혼을 위해 자신의 몸을 보호하는 일 이상으로 다른 요소들을 고려해야 한다. 영화, 음악, 텔레비전은 모두 성에 관한 표현으로 넘쳐난다. 꼭 그런 것은 아니지만 대개 성은 변태적이고, 저속한 형식으로 소개된다.

청소년들은 성의 개념을 정립하기 오래 전부터 성에 대한 뒤틀린 관점과 친숙해진다. 결혼이 현실로 다가오는 나이쯤 되면, 왜곡된 도덕관념과 비현실적인 기대를 품고 결혼식을 올린다. 대개 이런 결혼은 시작하기도 전에 불행을 초래한다.

성적인 측면에서 사회에 가장 치명적인 악영향을 끼치는 것 중에 하나가 포르노그래피다. '포르노그래피'라는 단어는 종종 신약성경에서 '간음'fornication으로 해석되는 포르네이아porneia라는 헬라어와 관련이 깊다. '간음'은 동성애, 혼전 섹스, 매춘과 같은 개념을 포함하는 폭넓은 단어로서, 현대적인 용어인 '포르노그래피'는 정신적 '간음'이라고 부를 수 있다.

포르노그래피는 새로운 것이 아니다. 포르노그래피에 관한 기록은 고대시대부터 존재했다. 주후 79년에 멸망한 고대 도시 폼페이의 벽에는 음란한 그림이 그려져 있었다. 그후 인쇄술이 발전하면서 좋은 쪽이든 나쁜 쪽이든 모든 유형의 문학은 수백 만 명의 손에 전달되었다. 인쇄술이 더 효과적으로 변모하고, 기술적으로 진보해 감에 따라, 포르노그래피 잡지들이 널리 보급되었다. 그런 잡지들은 합법적으로 어른들을 대상으로 하고 있지만, 종종 미성년자들이 이런 잡지를 보기도 한다. 수십 명의 젊은 여성들을 성폭행하고 살해했던 테드 번디 Ted Bundy도 청소년기에 포르노그래피 잡지들을 보면서 육욕을 발전시켰다. 대부분의 사람들은 테드 번디의 수준까지 타락하지는 않겠지만, 포르노그래피는 그것을 접하는 모든 사람에게 위험하다. 그것은 중독성이 있으며 비현실적이다. 포르노그래피는 파멸의 씨를 뿌려 여러 해가 지난 후 행복한 결혼생활을 파괴하는 싹으로 자라나기도 한다.

오늘날은 인터넷과 컴퓨터나 핸드폰을 비롯한 여러 디지털 장난감들 technical toys을 통해 쉽게 포르노그래피에 접근할 수 있다. 따라서 포르노그래피의 유혹은 과거 어느 시대보다 더 크다. 다른 죄와 마찬가지로, 포르노그래피 역시 비교적 순수해 보이는 출입구를 통해 진입할 수 있다. 모든 부모님들과 젊은이들의 삶을 황폐하게 이끌 수 있는 몇몇 출입구들은 다음과 같다.

1. 부도덕한 내용을 담고 있는 음악.
2. 노골적으로 성을 묘사하는 문학. 청소년 잡지와 헬스 잡지, 소설, 인터넷에서 구입 가능한 자료들도 여기에 포함된다.
3. 유해 사이트 차단 프로그램 family filter이 없는 모든 인터넷 접속. 좋은 차단 프로그램을 설치하면 인터넷상에서 포르노그래피를 찾는 일이 어려워지며, 우연히 그런 장면을 만나는 일도 거의 발생하지 않는다.
4. 부도덕한 주제나 장면을 담고 있는 영화. 대부분의 영화에는 그 영화의 내용을 짐작할 수 있는 등급이 매겨져 있다.

잠재적인 재앙으로 작용할 수 있는 이런 출입구를 피하는 것은 물론, 긍정적인 영향력을 미치는 것 또한 중요하다. 이렇게, 곧 폭발할 지뢰가 드문드문 숨어 있는 곳을 밟고 지나가야 하는 청소년들과 독신자들이 자신을 지킬 수 있는 몇 가지 제안을 한다.

1. 보호 장치를 배치하라. 잡초를 제거하는 일부터 시작하라. 이 작업에는 당신을 허물어뜨리는 친구들뿐만 아니라 앞에서 언급했던 미디어와 관련된 항목들이 포함된다.
2. 당신이 배치한 보호 장치에는 긍정적인 영향력이 꼭 포함되어야만 한다. 이 과정은 나쁜 것을 제거하는 것만으로는 부족하다. 당신의 나쁜 습관을 좋은 활동과 친구들로 대체해야만 한다.
3. 고립된 삶을 살지 말고 다른 사람들을 도울 수 있는 일을 하라. 당신의 노력은 당신을 강하게 하고, 다른 사람들을 격려해 줄 것이다. 도덕적으로

판단하는 마음으로 다른 사람들에게 설교하지 말고 친구들과 함께 건강한 활동을 계획해 보라.
4. 성령을 따라 행하기를 게을리하지 말라. 갈라디아서 5장은 우리가 성령을 따라 행하면 육체의 욕심을 이루지 아니할 것이라 가르친다. 성경에 따르면, 순결한 삶을 살기 위해서는 옳은 일을 행하려고 더 열심히 노력하는 것이 아니라 하나님의 임재 속에 거해야 한다.

결론

부도덕적인 길로 빠질 수 있는 기회는 수없이 많다. 그 중 포르노그래피는 가장 일반적이고 위험한 성적 죄 가운데 하나다. 더구나 쉽게 접근할 수 있다는 점 때문에 이에 대비하여 삶의 지침을 마련할 필요가 있다. 당신의 마음과 정신, 몸, 미래의 배우자를 위해서라도 도덕적 위험에 빠지지 않도록 스스로 노력해야 한다.

토론과 적용

1. 점잖은 척하거나 성인군자인 척하는 사람이라는 인상을 주지 않고 어떻게 잘못된 친구들을 피할 수 있는가?

2. 이 장에 수록된 목록 이외에, 성적 부도덕으로부터 자신을 보호하기 위해 어떤 것을 실천할 수 있는가?

3. 잠언 6장 32절은 이렇게 말씀한다. "여인과 간음하는 자는 무지한 자라 이것을 행하는 자는 자기의 영혼을 망하게 하며." 이 구절을 당신 자신의 말로 바꿔 써 보라. "자기의 영혼을 망하게 하며"라는 구절을 통해 저자가 전달하고자 하는 의미는 무엇이라고 생각하는가?

17

"어떤 경우에도, 이혼하는 것은 잘못인가?"

결혼과 이혼

결혼은 단연 세상에서 가장 많은 영향을 미치는 사회제도다. 그러나 높은 이혼율과 전통적인 결혼 제도를 부정하려는 현 추세에서 결혼과 이혼에 관한 성경적 기준을 재검토할 필요가 있다. 많은 커플들은 성경적 관점에서 결혼이 무엇을 의미하는지를 모른다. 이제 결혼이라는 제도는 성경에서 말하는 언약의 의미를 상실했으며 많은 사람들이 어떤 이유에서든 끝낼 수 있는 편의상의 관계가 되었다. 그러나 결혼과 이혼에 대한 성경적 지식은 결혼했거나 언젠가 결혼할 모든 그리스도인들에게 중요하다. 결혼의 목적은 다음과 같다.

1. **완성** 아내는 남편을 완성시키고, 남편은 아내를 완성시킨다. 비록 몇몇 사람들이 독신이라는 특별한 은사를 갖고 있고, 그래서 독신주의자가 남아 있지만 고전 7장, 대부분의 인간은 자신을 육체적으로, 정신적으로, 감정적으로

완성시켜 줄 동반자가 필요하다.

하와는 남편 아담을 '돕는 배필'로 창조되었다.창 2:18 히브리어로 '돕는 배필'이라는 말은 종이라기보다는 동등한 파트너에 가까운 의미를 가지고 있다. 그 단어의 개념에 상관없이, 핵심은 아담이 자신을 완성하기 위해 하와가 필요했다는 것이다.24)

2. 서로에 대한 언약 결혼은 하나님 앞에서 맹세한 파트너 간의 언약이다.말 2:14 많은 그리스도인들이 아내의 역할을 남편을 섬기는 것이라고 여긴다. 이것이 사실이라면, 남편도 아내를 섬겨야만 한다.엡 5:21 부부의 몸은 서로를 기쁘게 하기 위해 존재한다.고전 7:3-4 이러한 태도는 잠자리뿐만 아니라 다른 영역으로까지 확대되어야 한다. 남편은 아내를 위해 자신의 삶을 기꺼이 내려놓아야만 한다. 아내는 주님께 복종하듯이 하나님께서 임명하신 남편의 권위에 복종해야 한다. 그리고 남편이 하나님의 방법으로 지속적으로 인도하는 한 남편의 권위에 복종해야 한다. 남편은 교회를 향한 그리스도의 사랑을 본받아야 한다. 이러한 사랑을 받는 아내는 남편을 섬기는 데 별 문제가 없을 것이다.엡 5:22-28

3. 어린아이들을 위한 합당한 환경 우리가 15장에서 살펴본 바와 같이, 애정이 깊은 가정환경 속에서 양육된 어린아이들은 사회적인 관계를 맺는 데 어려움이 없다. 어린아이들은 부모를 통해 남성과 여성의 역할을 배운다. 남편과 아내가 결혼 안에서 보다 더 성경적인 원칙대로 살아가면 갈수록, 아이들이 그런 역할을 배우는 것이 훨씬 더 쉬워질 것이다.

4. 육체적 기쁨 바울은 이렇게 기록했다. "정욕이 불같이 타는 것보다 결혼하는 것이 나으니라."고전 7:9 성이 필요악이라는 의미가 아니다. 이 구절이 속한 문맥에서 보면 바울은 주님을 위해 독신이 되는 것의 유익을 언급하고 있었다. 그러나 강력한 성적 욕망을 가지고 있는 사람은 결혼해야만 한다. 성은 결혼한 커플이 육체적·정서적으로 더 가까이 묶이고 연합하도록 하나님께서 주신 선물이다. 성은 결혼 관계 안에서 이루어질 때, 최상의 것이 된다.잠 5:18

결혼은 일생에 걸친 헌신이다. 예수님은 결혼을 언급하시면서 이렇게 말씀하셨다. "하나님이 짝지어 주신 것을 사람이 나누지 못할지니라."마 19:6 결혼은 이 땅에서 일생동안 지속된다. 죽음만이 결혼을 끝낼 수 있다.마 22:30 결혼은 또한 일부일처 관계로 이해되어야 한다. 고전 7:2

이혼

하나님은 이혼을 싫어하신다.말 2:16 데이트하는 커플과 약혼한 커플들은 둘 중 하나가 죽을 때까지 그 결혼이 지속될 것이라는 가정 하에 결혼해야만 한다. 하나님 앞에서 맹세한 결혼 서약은 언약 관계로 존중해야만 하고, 지켜야만 한다.

신약성경 마태복음 5장, 마태복음 9장, 고린도전서 9장에서는 이혼에 관한 내용을 다루고 있다. 이들 본문은 모두 이혼을 반대하는 가르침을 전한다. 그러나 마태복음의 두 본문은 이혼의 예외조항을 다음과 같이 언급한다.

> 또 일렀으되 누구든지 아내를 버리려거든 이혼 증서를 줄 것이라 하였으나 나는 너희에게 이르노니 누구든지 음행한 이유 없이 아내를 버리면 이는 그로 간음하게 함이요 또 누구든지 버림받은 여자에게 장가드는 자도 간음함이니라. 마 5:31-32

> 바리새인들이 예수께 나아와 그를 시험하여 이르되 사람이 어떤 이유가 있으면 그 아내를 버리는 것이 옳으니이까 예수께서 대답하여 이르시되 사람을 지으신 이가 본래 그들을 남자와 여자로 지으시고 말씀하시기를 그러므로 사람이 그 부모를 떠나서 아내에게 합하여 그 둘이 한 몸이 될지니라 하신 것을 읽지 못하였느냐 그런즉 이제 둘이 아니요 한 몸이니 그러므로 하나님이 짝지어 주신 것을 사람이 나누지 못할지니라 하시니 여짜오되 그러면 어찌하여 모세는 이혼 증서를 주어서 버리라 명하였나이까 예수께서 이르시되 모세가 너희 마음의 완악함 때문에 아내 버림을 허락하였거니와 본래는 그렇지 아니하니라 내가 너희에게 말하노니 누구든지 음행한 이유 외에 아내를 버리고 다른 데 장가드는 자는 간음함이니라. 마 19:3-9

이혼하거나 이혼 이후에 재혼하는 것은 항상 잘못된 것이라는 입장을 취하는 몇몇 성도들이 있다. 그들은 마가복음 10장 1-9절과 누가복음 16장 18절을 강조한다. 이 두 본문에서 예수님은 이혼에 대한 예외를 전혀 언급하지 않으신다. 그들은 또한 마태복음 5장과 마태복음 19장의 예외조항들을 커플이 정혼betrothal하고 있는 동안 결혼 전 성관계간통에 관한 언급이라고 해석한다. 구약성경에서 정혼은 오늘날의 약혼보다 더 강한 구속력을 가졌다. 첫날밤을 치르고 결혼이 완전히 이루어지기 전이라 할지라도 정혼 관계를 끊기 위해서는 이혼증명서가 필요했다.

어떤 사람들은 결혼생활에서 부정不貞, unfaithfulness이 발생한 경우 이혼을 허락한다. 그들은 NIV 영어 성경이 "결혼생활의 부정을 제외하고는"except for marital unfaithfulness이라고 해석하는 것을 근거로 예수님께서 말씀하신 예외조항을 보다 넓게 해석한다. 뉴킹제임스번역NKJV과 ESV English Standard Version 번역은 이 구절을 '성적인 부도덕'sexual immorality으로 해석한다. 때때로 '간음'으로 해석되는 실제 헬라어 porneia는 좁은 의미와 더불어 넓은 의미를 가지고 있다. 좁은 의미는 혼전 성관계를 의미하며 넓은 의미는 불법적 성적 관계를 뜻한다. 이 경우 결백한 쪽은 자유롭게 재혼할 수 있지만 죄를 지은 쪽은 그럴 수 없다. 간음을 하는 사람은 결백한 배우자를 깨뜨리는 것이 아니라 언약을 깨뜨리는 것이다. 호세아처럼 부정한 배우자를 용서하는 것은 훌륭한 일이다. 그러나 배우자가 반복해서 부정을 저지른다면 자녀들이 나쁜 예를 목격하지 않도록 보호하고 상대편 배우자가 정서적 고통을 겪거나 성적 질병에 전염되지 않도록 별거나 이혼이 필요할 수도 있다.

이혼은 하나님의 뜻이 아니었음에도 불구하고 모세의 율법 체계 안에서는 이혼이 허용되는 것으로 여겨졌다.신 24:1 마태복음에서 예수님은 구약성경의 이런 조항을 언급하시며 오직 사람들의 마음이 완악하기 때문에 이혼이 허용되었다고 말씀하셨다. 이혼은 결코 하나님의 완전한 뜻이 아니었고, 결코 하나님의 완전한 뜻이 되지 않을 것이다.

> 결혼한 자들에게 내가 명하노니 (명하는 자는 내가 아니요 주시라) 여자는 남편에게서 갈라서지 말고 (만일 갈라섰으면 그대로 지내든지 다시 그 남편과 화합하든지 하라) 남편도 아내를 버리지 말라
>
> 그 나머지 사람들에게 내가 말하노니 (이는 주의 명령이 아니라) 만일 어떤 형제에게 믿지 아니하는 아내가 있어 남편과 함께 살기를 좋아하거든 그를 버리지 말며 어떤 여자에게 믿지 아니하는 남편이 있어 아내와 함께 살기를 좋아하거든 그 남편을 버리지 말라 믿지 아니하는 남편이 아내로 말미암아 거룩하게 되고 믿지 아니하는 아내가 남편으로 말미암아 거룩하게 되나니 그렇지 아니하면 너희 자녀도 깨끗하지 못하니라 그러나 이제 거룩하니라 혹 믿지 아니하는 자가 갈리거든 갈리게 하라 형제나 자매나 이런 일에 구애될 것이 없느니라 그러나 하나님은 화평 중에서 너희를 부르셨느니라
>
> 내 생각에는 이것이 좋으니 곧 임박한 환난으로 말미암아 사람이 그냥 지내는 것이 좋으니라 네가 아내에게 매였느냐 놓이기를 구하지 말며 아내에게서 놓였느냐 아내를 구하지 말라 그러나 장가가도 죄 짓는 것이 아니요 처녀가 시집가도 죄 짓는 것이 아니로되 이런 이들은 육신에 고난이 있으리니 나는 너희를 아끼노라. 고전 7:10-15, 26-28

이 본문은 예수님께서 복음서에서 구체적으로 다루지 않으신 몇 가지를 가르친다.

1. 아내는 남편이 불신자라 하더라도 이혼해서는 안 된다.
2. 남편은 아내가 불신자라 하더라도 이혼해서는 안 된다.
3. 만약 불신 배우자가 떠나면, 남은 사람은 더 이상 결혼에 매이지 않게 되고, 그 문제에 있어서 죄를 물을 수 없다. 15절
4. 어떤 상태에 놓여 있든지 간에, 그 상태로 남아 있는 것이 최선이다. 이혼을 했다면 독신으로 남아 있고, 결혼했다면, 결혼한 상태로 남아 있으라.
   이 견해는 16-25절에서 보다 더 자세히 발전된다.
5. 이혼당한 배우자가 재혼하거나 처녀가 결혼하면, 그것은 죄가 아니다. 27절 에서, '놓이다'라는 단어는 원래 헬라어에서 수동태로서 [문자적으로 이 단어는 '풀리다(loosed)' 라는 의미다.] 버림 받은 사람은 이혼을 주도하지 않았기 때문이다. 28절에 나오는 "그러나 장가가도" but if you do marry 라는 표현은 앞 구절에서 언급했듯이 결혼에 매인 상태로부터 놓인 사람의 상황을 언급하는 말이다. 이 마지막 요점은 모든 성도들에게 명확하게 이해되지는 않는다. 어떤 사람들은 이 구절이 이런 사람들이 더 이상 결혼 서약에 매이지 않고 자유롭게 재혼할 수 있다는 걸 가르치는 것이 아니라고 생각한다. 어떤 사람들은 이 본문이 그들이 이혼 때문에 편안하다는 뜻이라고 믿는다.

결론

이혼은 하나님의 뜻이 아니다. 과거에도 하나님의 뜻이었던 적이 없다. 이런 관점들은 이혼에 관한 그리스도인의 입장을 명확히 규정해 주지는

않는다. 이혼에 관한 다양한 관점을 살펴보고자 한다면 이 장의 마지막에 수록되어 있는 추천 도서 목록을 참고하라. 어떤 보수적인 성도들은 이혼이나 이혼 후의 재혼은 절대로 허용되어서는 안 된다는 입장을 취한다. 반면, 이혼이 용서할 수 없는 죄는 아니라고 인정하며, 용서와 재혼을 허용하는 보다 온건한 관점도 존재한다. 또한 이 관점에서는 모세의 율법이 혼전 간통의 경우에 이혼을 허용했던 것과 마찬가지로, 보다 높은 도덕적 원칙이 적용되어야 할 상황에서는 보편적인 의무가 면제되기도 한다. 그러나 이것은 결혼을 회복하기 위해 노력하지 않아도 된다는 의미는 아니다. 결혼은 하나님 앞에서 맺은 언약이다. 결혼은 그렇게 존중해야만 한다. 약혼한 커플은 이혼이라는 단어를 떠올려서는 안 된다. 결혼의 울타리 안에서 이런 '구속'을 노예 상태나 수감 상태로 여겨서는 안 된다. 결혼은 남편과 아내에게 안전과 신뢰와 보호를 제공하는 구조이다. 젊은 커플들은 이 구속력 있고 아름다운 관계 속으로 들어가기 전, 하나님의 뜻을 분별하기 위해 오랫동안 열심히 기도해야만 한다.

토론과 적용

1. 이혼하는 부부의 자녀들에게 이혼은 왜 괴로운 일인가?

2. 교회가 이혼한 사람들을 대상으로 어떻게 사역해야만 하는가?

3. 목회자는 결혼을 고려하고 있는 커플에게 이혼과 관련하여 어떤 조언을 해야만 하는가?

4. 하나님이 이혼이라는 쟁점에 그렇게 엄격한 기준을 두신 이유가 무엇이라고 생각하는가? 20대에 실수한 사람은 용서받을 수 없고 이후에도 재혼할 수 없다고 말하는 것은 너무 과한 것 아닌가? 이 장에 수록된 다양한 성경 본문들을 토대로 다른 시나리오들을 고려해 보라.

추천도서

· 노먼 가이슬러, 『기독교 윤리학』(기독교문서선교회, 2003)
· Grunlan, Stephen A, *Marriage and the Family: A Christian Perspective* (Grand Rapids, Mich.: Zondervan, 1984).
· House, H. Wayne, *Divorce and Remarriage: Four Christian Views* (Downers Grove, Ill.: InterVarsity, 1990).

18

"아름답고 위대한 하나님의 걸작품"

자연과 환경

인간과 날짐승, 들짐승을 다같이

사랑 잘하는 자, 기도 잘하는 자라고

큰일 작은 일 가리지 않고

참 사랑하는 자, 참 기도 잘하는 자

우리를 사랑하시는 하나님

만물을 지으셨고 사랑하신다네25)

위에 인용한 것은 유명한 시 '노수부의 노래' The Rime of the Ancient Mariner 의 일부분이다. 동물을 사랑하는 것이 한 사람의 영적인 상태, 특히 하나님과 친밀하게 교제하는 것과 상관이 있다는 주장에 하나님께서는 동의하실까? 그리스도인들은 자연 세계를 돌보는 노력을 해야만 하는가? 유해한 쓰레기를 바다에 내다버리거나 쓰레기 봉지를 산언덕에

갖다 버리는 것은 잘못인가? 동물들의 종種을 파괴하는 것은 죄인가? 다른 한편으로는, 어차피 하나님께서는 마지막 날에 이 세상을 불로 심판하실 것 아닌가? 하나님께서 언젠가 세상을 다시 깨끗하게 하실 것인데 우리가 왜 자연을 보호해야 하는가?

오늘날 지구 온난화 문제라든지 환경보호청Environmental Protection Agency 같은 기관을 통해 환경을 보호하는 정부의 역할을 논의하는 등 생태에 관련된 논쟁이 뜨겁게 달아오르고 있다. 많은 과학자들은 지구가 온난화되고 있다는 사실을 강하게 확신하고 있다. 그들은 공장과 자동차, 비행기, 기타 인간의 활동에 사용되는 화석연료의 배기가스로 대기 중 이산화탄소가 높아져 지구 온난화가 발생한다고 믿는다.

정부간 기후 변화 협의체Intergovernmental Panel on Climate Change, IPCC는 이 문제를 연구해 왔으며 긴 기술 보고서를 시리즈로 출간하는 중이다. 이 위원회는 지구 온난화가 진행되고 있으며 그 결과 향후 100년 이상 지구에 악영향이 미칠 것이라고 결론 내렸다. 이 과학자들의 견해가 옳다면, 해안가가 물에 잠길 뿐 아니라 기후도 극적으로 변할 것이라고 예상된다. 최악의 경우, 기근과 홍수와 강력한 태풍 같은 더 많은 자연재해가 일어날 수 있다. 기후가 더 따뜻해짐으로써 박테리아나 바이러스도 증가해 특정 전염병이나 질병도 빈번하게 발생할 것이다. 그것이 인간의 삶에 끼치는 영향력은 막대할 것이다.

그런 냉혹한 예견에 동의하지 않는 과학자들도 있다. 그들도 지구가 점점 더 따뜻해지고 있다는 사실은 인정하지만, 이런 온난화 추세의 원인은 인간의 활동 이외에 다른 요인도 작용한다는 것이다.

한 가지는 분명하다. 지구 온난화를 놓고 정치적인 토론이 점점 뜨거워지고 있다는 것이다. 그러나 생태학에 관한 연구는 지구 온난화 문제에만 한정되지 않는다. 인간이 지구와 지구에 끼치는 영향력을 바라보는 관점에도 윤리적 문제가 포함되어 있다. 이 장에서는 생태학적 논쟁들이 야기한 정치적인 회오리에서 떠나, 성경적 관점에서 생태학을 살펴보며 균형 잡힌 입장을 취할 수 있는 원칙을 제시할 것이다.

원칙 1 : 하나님께서 창조하신 세상 창 1-2장

우주는 하나님께 속해 있다. 우주는 하나님의 시스틴 성당_{미켈란젤로의 천지창조라는 천장화로 유명한 성당-역주}이다. 장엄한 산악의 경치에 압도된 사람은 하나님의 창조 능력에 압도된 것이다. 시내나 바다를 보며 평화로움을 즐기는 여인은 하나님의 손길을 느낀다. 자연은 선하다. 하나님의 작품이기 때문이다.

인간의 타락으로 자연 역시 부정적인 영향을 받았다._{롬 8:18-22} 그럼에도 불구하고, 우주는 비록 불완전하지만 하나님의 마음의 소산물이며 하나님의 마음과 의지와 인격을 반영하고 있다. 예술을 공부하는 학생은 유명한 예술가의 작품을 재빨리 인식할 수 있다. 때때로, 우리는 예술가가 그림으로 표현해 낸 생각과 세계관, 지식을 감지할 수 있다. 컴퓨터 프로그래머의 생각은 그가 디자인한 소프트웨어에 반영되어 있다. 마찬가지로, 하나님의 놀라운 작품들인 자연을 묵상하다 보면 그분의 마음을 이해할 수 있다. 모든 인간들뿐만 아니라, 모든 피조물과 동물들은 하나님께서 창조하셨기 때문에 가치가 있다.

원칙 2 : 자연은 하나님의 계시 시 139편, 롬 1:19-20

로마서 1장 19-20절에서 사도 바울은 보이지 않는 하나님의 속성이 만물을 통해 분명하게 보여 알려졌다고 말한다. 이 진술은 구원을 가르치는 중요한 본문의 문맥에 포함되어 있다. 하나님은 자연을 통해 모든 인류에게 자신을 계시하셨다. 이런 차원에서, 모든 인간은 하나님을 알 수 있다. 우리가 자연을 통해 나타난 하나님의 계시를 받아들이거나 무시하거나 파괴하려 한다면, 우리는 간접적으로 하나님을 받아들이거나, 무시하거나, 거부하는 것이다. 이것은 곧 그 사람이 하나님에 대한 추가적인 계시를 받아들이지 않는 결과를 낳는다. 적어도 자연에 나타난 하나님의 계시를 거부하면, 그 사람은 일생 동안 하나님을 거부한 선례를 남긴 것이나 다름없다.

"자연은 하나님을 반영하고 있다. 하나님은 모든 곳에 명백히 존재하신다. 하나님은 빛 가운데에도 어둠 속에도 계시며, 땅 위에도 바다에도, 높은 곳에도 깊은 곳에도 계신다. 시 139:7-12 참조 예리한 관찰력을 지녔다면 모든 곳에서 하나님의 증거를 볼 수 있다."[26] 자연을 파괴하는 것은 하나님을 나타내는 중요한 증거를 파괴하는 것이다. 그 결과 하나님을 향한 일그러진 관점을 조장하며, 복음 전파에 장애가 될 수 있다. 그리고 그것은 무책임하고, 불경한 짓이다.

웬델 베리Wendell Berry는 보다 더 신랄하게 지적한다. "우리가 자행하는 자연 파괴는 단순히 청지기직을 제대로 수행하지 못한 것이거나, 경제 논리에만 급급한 태도이거나, 가족 부양의 의무를 저버리는 일이 아니다. 자연파괴는 가장 무서운 불경죄다. 자연을 파괴하는 것은 마치 자연이 그 이상의 가치는 없는 듯, 우리가 하나님의 선물을 그분의 얼굴에 내던지고 있는 것이나 마찬가지다."[27] 특별히 그리스도인들은 우리가 불가피하게 속해 있는 바로 그 자연을 존중해야 한다. 그러나 현실은 거의 그렇지 않다.

인간은 대성당은 신성하게 여기지만 하나님께서 임재하시는 숲이나 들판의 가치는 떨어뜨리는 성향이 있다. 예배당 건물은 예배자들이 그 안에서 하나님의 임재를 경험할 때에 신성한 장소가 된다. 스테인드글라스나 그림의 형태를 띤 예술은 하나님이 만드신 작품을 해석하고 찬양하는 도구가 될 수 있다. 그러나 인간이 만든 모든 '신성한' 작품은 하나님이 만드신 원래 디자인을 모방한 것이거나 해석, 확대한 것에 불과하다.

원칙 3 : 자연을 돌보는 청지기

"땅과 거기에 충만한 것과 세계와 그 가운데에 사는 자들은 다 여호와의 것이로다."시 24:1 이 시편의 저자가 표현한 것처럼, "이것은 내 아버지의 세계다." 이 땅은 하나님의 것이다. 자연 자원을 사용하고 누리는 것에 무관심한 태도는 성경이 기록한 청지기직 원칙과도 어긋난다. 인간은 하나님이 창조하신 세상의 청지기다. 이 청지기직에는 땅에 충만하고, 땅을 정복하고, 땅을 다스리고, 땅을 관리하라는 명령이 포함된다.창 1:28, 2:15 하나님은 하나님이 창조하신 것의 한 부분을 인간이 관리하도록 맡겨 주셨다.

창세기 1장 26, 28절의 통치 명령은 자연 파괴가 아닌 보존으로 해석되어야만 한다. 자연 세계가 존재하는 목적 중 하나는 그것이 인간에게 필요하기 때문이다. 인간이 분별력을 가지고 자연 자원을 이용한다면 성경적으로 아무런 문제가 없다. 창세기 2장 15절은 이 명령을 수행하는 데 자세한 지침을 제공한다. 하나님은 아담을 에덴동산에 두시고, 그것을 "경작하며 지키라."고 말씀하셨다. 이것은 아담 이후의 인간이 자연을 대할 때 기억해야 할 태도다.

원칙 4 : 동물도 돌보시는 하나님

하나님께서는 비록 동물과 사람의 가치를 동일하게 두지 않으셨지만, 동물에게도 관심을 기울이심을 알 수 있다. 예를 들어, 모세의 율법에는 동물을 다루는 규칙이 포함되어 있었다.신 22:4, 6-7 십계명은 동물에게도 안식의 날을 제공하라고 한다.출 20:10 발람은 자기 나귀를 때린 것 때문에 호되게 꾸지람을 당했다.민 22:32 하찮은 개미에게서도 가치 있는 교훈을 배울 수 있다.잠 6:6 동물은 지능을 가지고 있다.사 1:3, 렘 8:7 잠언 12장 10절은 의인은 자기 가축의 생명을 돌본다고 말한다. 예수님은 하나님께서 새들을 기르신다고 가르치셨다.마 6:26 하나님께서 허락하지 아니하시면 참새 한 마리도 땅에 떨어지지 않는다.마 10:29 구약 시대에는 땅도 매 7년마다 안식년을 가져야 했다. 안식년 기간에는 아무런 농사도 지을 수 없었다. 안식년 기간에 땅이 소출을 내는 것은 무엇이든 사람이나 가축이나 야생 동물들이 먹을 수 있었다.레 25:1-7

신교와 구교를 뛰어넘어 신학적 거장으로 존경받는 토마스 아퀴나스 Thomas Aquinas는 이렇게 기록했다. "인간이 동물에게 자비를 베푸는 것은 하나님과 그분의 선하심에 보답하는 일이다. 우리는 하나님의 영광을 위해 피조물을 사랑하고 보전하도록 부름 받았다. 우리는 합리적으로 동물을 다스림으로써, 그리고 우리에게 유익할 뿐만 아니라 하나님의 지혜를 선포하는 피조물들을 보전함으로써 하나님을 영화롭게 한다."[28] 그는 또한 이렇게 기록했다. "만약 어떤 사람이 동물에게 따뜻한 호의를 행하면, 그 사람은 주위 사람을 더욱 불쌍히 여기는 마음을 가진 사람이다."[29]

원칙 5 : 육체의 건강

예수님께서 행하신 기적 가운데 많은 것은 육체적인 질병으로 고통 받는 사람을 치유하신 것이다. 비록 때때로 질병이 하나님의 계획의 일부분이고, 우리 모두는 미래에 죽게 되어 있지만,히 9:27 건강을 지키기 위해 위생적인 삶을 살아야만 한다. 자연에 대해 무책임한 태도로 일관한다면 오염된 공기와 음식, 물을 통해 발암물질과 다른 독소를 흡수하여 우리의 건강을 악화시킬 수 있다.

생선에 축적된 수은은 여러 가지 암을 유발하고, 기근은 자연을 무분별하게 개발한 것과 직접적으로 연관되어 있는 것 같다. 아마도 명백히 이 세상의 어느 곳인가에 AIDS나 암 같은 질병에 대항할 열쇠를 지니고 있는, 멸종에 직면한 동식물이 있을 것이다. 어쩌면 잠재적인 치료책이 이미 파괴되었는지도 모른다.

원칙 6 : 언젠가는 회복될 자연의 질서

성경은 하나님 나라를 예언하며 저주가 풀린 지구를 묘사한다. 동물은 인간과 조화를 이루며 공존하게 될 것이다. 이사야 11장 이는 에덴동산의 모습과 비슷해 보인다. 성경은 지구가 현재 고통 가운데 신음하고 있고, 구속을 기다리고 있다고 묘사한다. 구원과 구속의 교리는 잃어버린 인류의 영혼이 구원받는 것뿐 아니라 자연 세계가 회복하는 것에도 적용된다.

많은 그리스도인들은 성경에 근거하여 인간이 지구를 파괴하기 전에 예수님이 이 땅에 다시 오신다고 확신한다. 성경은 그리스도께서 다시 오실 때, 지구가 거주할 수 없는 상태가 되지는 않을 것이라고 가르친다. 그러나 그 말씀은 자연 세계가 인간의 생존을 위협하지 않는다는 사실을 보장하지는 않는다.

사실, 어떤 성경 본문은 말세가 가까워짐에 따라, 환경이 인류의 삶에 심각한 위협이 될 것이라고도 해석된다.

청지기직과 하나님의 나라를 기다리는 것을 예수님은 이렇게 표현하셨다. "내가 돌아올 때까지 장사하라."눅 19:13 성경의 어떤 구절도 그리스도께서 다시 오실 날짜를 명시하지 않았다.마 24:36 많은 성도들은 첫 번째와 두 번째의 천년기가 바뀔 때 그리스도께서 다시 오실 것이라고 확신했다. 21세기 첫 10년의 절반이 지난 지금, 우리는 여전히 재림을 기다리고 있다. 그 사이에 우리는 이 땅에 머물 방도를 생각하는 편이 더 낫다. 우리는 자녀들과, 적어도 몇 세대 이후의 손자손녀들도 깨끗한 공기와 토양과 물이 필요하다는 사실을 인식하고 살아야만 한다.

더 나아가, 성경은 지구와 만물의 궁극적 회복을 위해 멸망이나 심판이 임할 것을 암시한다. 이들 본문 중에서 어떤 것도 자연이 모두 전멸한다는 뜻이 아니라 오히려 자연의 질서가 회복될 것이라고 말한다. 재림 시 지구가 얼마나 파괴될 것인지에 상관없이 그 일을 진행할 분은 창조자 하나님이시며 단지 청지기인 우리가 지구를 파괴할 자격이 없는 것은 분명하다.

원칙 7 : 인간과 자연의 완벽한 조화

인간이 천지만물을 바라보는 관점이 신앙을 가늠하는 최종 척도는 아닐지 모르지만, 하나님을 바라보는 마음을 반영할 가능성은 높다. 폭죽으로 작은 동물을 폭파시키거나 개구리로 야구경기를 하면서 즐거움을 찾는 십대 소년은 분명 성숙한 인격을 가지고 있지 않다. 이런 소년들은 불을 내고 들판이나 숲이 타들어가는 것을 바라보는 것을 즐기게 될지 모른다. 그런 것들이 그냥 사내아이들의 장난일 뿐이라고 말한다면, 그것은 순진한 생각이다. 이런 태도는 인류의 영혼이 완전하지 못하고 잘못되어 있다는 사실을 나타낸다.

인간은 원래 자연과 완벽한 조화를 이루며 살아가도록 창조되었다. 타락 후에 이 관계는 손상을 입었지만 완전히 깨어지지는 않았다. 인간의 타락으로 창조자와 피조물 사이에는 보다 심각한 부조화가 일어났다. 모든 인류는 하나님과 인간 사이에 존재하는 이런 증오 혹은 부조화의 상태 속에서 태어난다. 따라서 인간이 다시 하나님과 화목해지기 전까지는 결코 자신의 존재에 온전히 만족할 수 없을 것이다. 신약성경은 예수 그리스도와 올바른 관계를 맺음으로써만 하나님과 화목할 수 있다고 가르친다.

사람의 영혼에 하나님의 영이 필요한 것과 마찬가지로, 사람의 육신도 물질세계가 필요하다. 육체에 하나님이 필요하고, 영에 자연 세계가 필요하다는 사실도 비록 이해하기 쉽지 않지만 중요한 진리다.

하나님께서는 자연이라는 캔버스에 인류라는 걸작품을 그려 놓으셨다. 캔버스가 없다면 어디에 그림을 그리겠는가. 인간은 자연 속에서 살아간다. 인간은 자연을 먹고, 숨쉬고 마신다. 자연은 인간의 육체적 생존에 절대적으로 필요하다. 인간은 바위나 나무나 다른 자연보다도 더 중요하다. 그러나 우리가 아는 것처럼 바위와 나무와 다른 모든 자연 없이는 인간의 생존이 불가능해질 것이다.

또 다른 면에서, 자연 역시 캔버스 위에 그려진 그림과 같다. 모든 자연은 공간과 시간이라는 캔버스 위에 그려진 하나님의 걸작품의 일부다. 하나님께서 창조하신 모든 창조세계는 고유한 가치를 가지고 있다. 따라서 우리는 자연을 정중하고 조심스럽게 이용해야만 한다.

지구는 하나님의 것이고, 인간은 단지 청지기일 뿐이라는 사실을 기억하라. 우리는 이 땅에 왔다가는 순례자들이다. 우리가 이 땅을 떠나고 오랜 세월이 흐른 후에도 여전히 누군가에게는 이 땅이 필요하다.

토론과 적용

1. 생태학과 관련된 성경적 원칙에 보다 부합되는 삶을 살기 위해 당신이 고쳐야 할 점은 무엇인가?

2. 생명의 존엄성 원칙이 생태학적 문제와 어떻게 연결되는가?

3. 그리스도인들이 보편적으로 낙태나 안락사와 같은 쟁점에는 강한 입장을 견지하면서 때때로 가난이나 생태학과 관련된 쟁점에는 무관심한 것처럼 보이는 이유는 무엇인가?

4. 당신은 한 개인으로서 이 세상에서 보다 책임 있고, 정중하게 살아가기 위해 무엇을 할 수 있겠는가? 당신이 함께 공부하고 있는 그룹과

프로젝트를 진행해 보라. 오후나 토요일 아침, 시간을 내어 학교 캠퍼스나 거리를 청소할 수도 있을 것이다. 당신이 속한 곳에서 자원 재활용 프로그램을 시작하는 것도 고려해 보라.

추천도서

· 노먼 가이슬러, 『기독교 윤리학』(기독교문서선교회, 2003)
· Snuffer, Ryan P., *Living Green for God*, Question Reality, www.questionreality.org. 2007년 3월 2일에 접속함.

19

"정치에 참여하는 것이 그리스도인의 의무라고?"

윤리학과 정치학

    그리스도인들은 도덕을 법제화해야만 하는가? 이 질문은 *Legislating Morality*도덕의 법제화30)라는 책에서 자세히 다루었다. 비록 그리스도인이 정치에 참여해서는 안 된다고 믿는 사람들도 있지만 이것은 성경적인 견해가 아니다. 〈어메이징 그레이스〉Amazing Grace라는 영화에서도 묘사되었듯이, 이런 궤변을 가장 생생하게 논박한 예는 영국에서 노예제도를 폐지한 윌리엄 윌버포스William Wilberforce의 인생이다. 미국과 같은 민주주의 국가에서 그리스도인들은 투표를 할 때마다 정부의 정책에 영향을 미치는 특권을 가지고 있다. 정부에서 일하는 지도자들에게 쟁점에 관한 정보를 제공하고 그에 상응하는 영향력을 미치려는 특별한 이익집단들도 있다.

    예수님은 산상수훈을 통해 우리에게 세상의 소금과 빛이 되라고 명령하셨다. 따라서 우리는 세상에 도덕적으로 긍정적인 영향력을 미칠 의무가 있다. 마 5:13-16 *Legislating Morality*에 따르면, 시민법은 시민을 대표하는 대리인들의 태도와 행동이 변화하는 데 영향을 미친다.31) 이 책에서는 쟁점과 관련된 법률이 개정된 후 그 문제에 대한 대중의 의견이 변화된 미국의 사례 두 가지를 인용하고 있다. 첫 번째 예는 노예제도다. 1800년 당시 노예제도는 수많은 논란을 일으키는 문제였으며 심지어 이 문제로 나라가 두 쪽으로 나뉘어 전쟁까지 불사하게 되었다. 어떤 지역에서는, 심지어 자신을 그리스도인이라고 부르는 사람들을 포함한 대다수가 노예제도를 찬성하고 있었다. 그러나 남북 전쟁 이후, 변화는 비록 더뎠지만 이제 대다수 미국인들은 노예제도를 강하게 반대하고 있다.

보다 현대적인 예는 낙태 논쟁이다. "미국 역사의 거의 첫 200여 년 동안, 산모의 생명이 위험에 처해 있는 경우를 제외한 모든 경우에 낙태는 금지되었다. … 1973년에 대다수 미국인들은 낙태가 부도덕하다고 믿었다."32) '로 대 웨이드' Roe v. Wade 판결 1973년에 미연방 대법원에서 내린 최초 낙태 합법화 판례-역주 이후 정확히 30년 이상이 지나는 동안, 낙태에 대한 미국인들의 의견은 양분되었다. 심지어, 미국인들 대다수가 낙태 합법화가 유지되어야 한다고 생각한다는 여론조사까지 나타났다. 이처럼 법률은 옳고 그름에 대한 공공의 의견과 견해에 상당한 영향을 미친다.

저자들은 모든 법률은 여러 가지 면에서 도덕을 법제화해 놓은 것이라 주장한다. 과속을 금지하는 법률을 제정하는 목적은 인간의 생명과 안전을 지키며 무모한 운전으로 자신과 다른 사람의 생명을 위험에 빠뜨리는 것은 옳지 않다는 사실을 전제한다. 살인, 성폭행, 도둑질에 대한 법률을 제정하는 것 역시 이런 행동이 옳지 않다는 사실을 나타낸다. 한 사회가 어떤 행동을 금하거나 허용하는 법률을 제정하는 것은 곧 시민들이 도덕적 삶을 살도록 촉구하는 것이다.

도덕의 법제화와 관련된 진짜 질문은 도덕을 법제화할 것이냐 말 것이냐의 문제가 아니라 누구의 도덕이 혹은 무슨 도덕이 법제화되어야 하느냐는 문제다. 비종교적인 인본주의자들은 인간의 이성과 견해에 기초한 시스템을 고안해 냈다. *Humanist Manifesto I and II* 인본주의 선언서 I과 II 33)는 인간 권리에 대한 특정한 도덕적 입장을 전달해 준다. 이들 선언서는 성경이나 하나님을 믿는 믿음과 같은 종교적인 저작물에 기초한 것이 아니다.

반면, 유신론자들의 관점은 모든 문화에 걸쳐 보편적으로 나타나는 도덕법에 기초하고 있다. C. S. 루이스는 자신의 책 『인간 폐지』 *The Abolition of Man*의 부록에 전 세계의 고대 문서에서 찾아낸 도덕적 가르침의 목록을 모아 두었다.34) 이들 도덕적 가르침의 공통점은 인간 도덕의 보편적 이해와 해석이 존재한다는 것이다.

한걸음 더 나아가 성경적인 유신론은 성경을 인간을 향한 하나님의 계시로 본다. 성경에는 하나님이 무엇을 옳고 그른 것으로 여기시는지 보다 더 자세히 기록되어 있다. 많은 무신론적 인본주의자들은 성경의 종교적 특성 때문에 성경이 사회법에 영향력을 발휘하는 것을 반대한다.

그러나 그런 의미에서 본다면 인본주의 선언서 같은 문서를 토대로 사회법을 제정하는 것 역시 적절하지 않다. 사람들이 사회에서 어떻게 살아야 하는지, 혹은 어떻게 살아서는 안 되는지를 제정한 도덕 규칙 문서 역시, 아무런 객관적 기초가 없는 철학적 진술에 불과하기 때문이다.

성경은 진리의 유일한 원천이 아니다. 성도들은 이성을 자유롭게 사용할 수 있고, 하나님의 일반 계시에서 진리를 추구할 수도 있다. 시 19:1, 롬 1:19, 2:12-15 모든 진리는 하나님의 진리이기 때문이다. 물론, 사람들은 편견을 가지고 성경을 해석하는 경향이 있다. 과거 사람들은 일부다처제와 노예제도를 정당화하기 위해 성경을 이용하려고 했다. 그럼에도 불구하고, 성경이 역사적인 맥락 속에서 합당하게 이해되는 한, 성경 속에 기록된 도덕적 원칙들은 오늘날의 사회에 적용될 수 있고 적용되어야만 한다.

결론

그리스도인들이 투표를 하지 말아야 하거나 다른 방식으로 사회에 긍정적인 영향을 미쳐야 한다는 법은 없다. 그럼에도 불구하고, 맹목적으로 정당의 정강을 통째로 받아들이거나 과도하게 지지하는 것도 경계해야만 한다.

국가에는 모든 정치적 성향에 따라 나름의 도덕적 관심사가 존재한다. 양대 주요 정당은 각각 도덕적으로 성공과 실패를 겪어 왔다. 따라서 그리스도인들은 투표하기 전, 각 개인의 이력, 고결함과 도덕적 견해를 모두 고려해 볼 필요가 있다.

토론과 적용

1. 미국의 복음주의적 그리스도인들은 대부분 낙태와 동성애에 관련된 쟁점 때문에 일반적으로 공화당을 지지할 가능성이 높다. 미국 정부가 법제화한 다른 도덕적 문제들을 나열해 보라. 이렇게 도덕적 문제들이 법제화된 것은 좋은 현상인가?

2. 당신에게 가장 중요한 정치적 문제는 무엇인가? 만약에 모세가 민주주의 정부에 속해 있었다면 모세에게 가장 중요한 정치적 현안은 무엇이었을 것이라고 생각하는가? 만약에 예수님이 민주주의 정부 하에서 살았다면 예수님에게 가장 중요한 정치적 현안은 무엇이었을까?

20
"산모의 신체 조직인가, 완전한 생명체인가?"
낙태

"1973년에 '도 대 볼튼'Doe v. Bolton 판결과 '로 대 웨이드'Roe v. Wade 판결을 통해 미국 대법원은 임신부가 임신 6개월 이내에 낙태할 권리를 인정하였다. 이들 판결에서 법원은 여성이 사생활을 추구할 권리가 낙태를 제한할 주 정부의 권리보다 더 우선된다고 주장했다. 이들 두 판결의 결과로, 이유를 불문하고 낙태는 50개 주 전체에서 합법화되었다." 35) 이때부터 각 주의 주 정부가 보다 많은 단속권을 가져야 한다는 몇 가지 판결들이 이어졌다. 그럼에도 불구하고 여전히 여성은 어떤 주에서든 낙태를 할 수 있다. 근래에 정치권에서는 미성년자가 부모의 동의 없이 낙태할 수 있는 어이없는 권리나 여성이 남편의 동의 없이 낙태할 수 있는 권리 등을 논의하고 있어 논란이 되고 있다.

낙태 합법화에 반대하는 편이 환호할 만한 일은 2005년에 조지 W. 부시 대통령이 법령으로 서명한 부분출산 낙태partial birth abortion, 태아를 집게로 당겨 자궁에서 반쯤 나오게 한 후에 뇌를 흡입하거나 두개골을 함몰시켜 낙태하는 방법를 금지하는 법이었다. 그 이전인 1990년에, 클린턴 대통령이 세 번에 걸쳐 투표를 부침으로써 국회는 이 금지법을 지지한 적이 있다. 이것은 임신 말기, 어머니의 자궁 밖에서도 살아남을 수 있을 정도로 자란 태아를 죽이는 방법이므로 많은 사람들은 이런 방식의 낙태를 반대했다. 산월^{産月}에 낙태를 하는 경우도 있었다. 그 아기는 산도^{産道}를 지나는 동안에 죽임을 당한 것이다. 아기가 완전히 산도를 빠져나온 경우, 아이를 죽인다면 그것은 살인으로 간주되었다.

따라서 이 논의는 언제부터 아이를 인간으로 간주하느냐의 문제다. 표 20.1에 설명되어 있는 것처럼, 이러한 논의는 태아 자체를 완전한 인간으로 보는 관점, 태아를 잠재적인 인간으로 보는 관점, 태아를 인간에 가까운 존재로 보는 관점으로 나누어진다.

〈표 20.1〉 **낙태에 대한 세 가지 관점**[36]

태아의 자격	완전한 인간	잠재적인 인간	인간에 가까운 존재
낙태	절대불가	때때로 가능	언제나 가능
근거	생명의 존엄성	생명의 출현	삶의 질
산모의 권리 대 태아의 권리	산모의 개인적 자유보다 태아의 생명이 더 중요함	양쪽 권리의 조합	산모의 개인적 자유가 태아의 생명보다 더 중요함

인간에 가까운 존재

낙태 합법화 지지자들은 임신 3개월이 넘은 태아를 '인간에 가까운 존재'로 바라보는 관점을 고수함으로써 태아를 죽이는 것을 정당화한다. 낙태 합법화 지지자 진영에 속한 극소수의 그리스도인들은 몇 가지 성경구절을 들어 낙태를 지지한다. 창세기 2장 7절에서 성경은 하나님께서 아담을 땅의 흙으로 지으셨다고 기록한다. 하나님께서 그 코에 생기를 불어넣으시기 전까지 아담은 생령이 되지 못했다. 욥기 34장 14-15절 개역개정판에서는 '목숨'으로 번역됨-역주과 이사야 57장 16절 개역개정판에서는 '혼'으로 번역됨-역주도 인간이 생기 breath와 연결되어 있다고 지적한다.

그러나 아담의 예는 유일무이하다. 어떤 사람들은 창세기 2장 7절의 '생기' breath라는 단어에서 '영' spirit이라는 개념을 포함한 보다 깊은 의미를 찾아낸다. 히브리어 단어는 바람, 생기 breath, 혹은 영으로 번역될 수 있다. 이런 구절들을 극단적으로 단순화하여 생기가 한 인간을 만든다고 해석하는 것이다. 구멍 난 폐를 가진 사람이나 수술 중 일시적인 호흡 정지 상태에 있는 사람도 그 시간 동안 인간이 아닌 존재가 되는 것은 아니다. 성경은 또 이렇게 기록한다. "육체의 생명은 피에 있음이라."레 17:11, 14, 창 9:4 인간의 순환계는 자궁 속에서 발육하는 첫 번째 달에 가동되기 시작한다. 그러므로 태아를 인간에 가까운 존재로 바라보는 관점은 아무리 긍정적으로 보아도 성경적 근거가 빈약하다.

이 견해를 지지하는 다른 논증에는 다음과 같은 것들이 포함된다.

1. 자의식

자궁 속에 있는 아기는 자의식이 강하지 않기 때문에 인간이 아니라고 주장한다. 그러나 이미 태어난 유아가 자의식이 강하다는 사실 역시 아무도 증명해 내지 못한다. 만약 이런 기준을 세운다면 유아 살해 역시 죄가 될 수 없을 것이다. 혼수상태에 있는 사람이나 잠들어 있는 사람은 자의식이 강하지 않다. 이런 상태에 처해 있는 존재가 사람이 아니라고 주장하는 사람은 극소수에 불과할 것이다.

2. 산모의 안전

낙태가 합법적인 과정이 되지 않는다면, 비위생적 환경에서 불법적 낙태가 성행하며 산모들이 치명적인 감염에 노출될 것이라는 주장도 있다. 그러나 규제를 하든 안 하든 불법이 발생할 것이라는 이유만으로 그것을 수용하고 조절해야 한다는 생각을 가져서는 안 된다. 로 대 웨이드 판결 이전에 불법적인 낙태 시술로 죽은 산모들 아마도 수천 명보다 낙태 합법화 이후에 죽은 아기들 수천 만 명이 훨씬 많다는 사실을 지적할 수도 있다.

3. 학대와 무관심

낙태를 선택하는 여성들은 만약 출산을 하게 되더라도 아이들을 학대하거나 방임할 것임이 틀림없기 때문에 아이를 갖지 않는 쪽을 선택하는 편이 더 낫다. 그러나 입양이라는 대안도 있다. 이 세상에는 어린아이들을 입양해 사랑이 넘치고 안전한 가정을 마련해 주려는 수천의 가족들이 있다.

4. 성폭행

낙태 합법화 지지자들은 성폭행을 당한 여성이 임신했을 때, 출산을 강요해서는 안 된다고 주장한다. 이런 관점은 어느 정도 이해가 간다. 그러나 성폭력 역시 일어나서는 안 되는 일이다. 악을 악으로 갚는다고 선이 되지는 않는다. 아기를 살해한다고 해서 성폭행 당한 사실이 사라지는 것은 아니다. 또한 이런 경우는 드물게 발생한다. 이런 이유로 낙태하는 경우는 낙태 전체 비율의 1퍼센트도 되지 않는다. 단지 성폭행으로 임신하는 경우와 같은 드문 상황 때문에 모든 낙태를 정당화해서는 안 된다. 이런 산모들도 입양을 선택할 수 있다.

5. 신체의 일부

어떤 사람들은 아기는 산모의 육체와 연결되어 있으며, 따라서 산모는 자신의 생식계에 생겨난 원치 않는 조직을 깨끗이 없애 버릴 수 있는 권리를 가지고 있다고 주장한다. 비록 아기가 이 기간, 육체적으로 어머니에게 의존해 있다고 말할 수 있지만, 그 아기가 단순히 산모의 육체의 한 부분만은 아니라는 사실을 생물학적으로도 증명할 수 있다. 예를 들어, 그 아기의 유전학적인 구조는 어머니와 아버지에게서 전해 받은 유전자들의 독특한 조합이다. 많은 경우에, 그 아기는 어머니와 다른 혈액형을 가지게 될 것이다. 아직 태어나지 않은 아이는 특별한 생물학적 정체성과 자신만의 지문이 있는 한 인간이다.

6. 개인적 자유

낙태를 찬성하는 주요 논증 가운데 하나는 여성의 개인적 자유에 대한 권리다. 여성은 헌법에 보장된 신체에 관한 권리를 행사할 수 있다는 것이다. 우리가 아기가 신체의 일부라는 주장에 반대했던 논증이 여기에도 동일하게 적용된다. 비록 헌법이 신체에 대한 개인의 권리를 보장하지만, 태중의 아기는 독립된 신체를 가진 독립된 사람이다.

잠재적 인간

발달 중인 태아사람의 경우 보통 임신 8주까지–역주를 인간으로 성장하는 과정으로 보는 사람들은 이 시기의 생물체 life-form가 아직 인간이 아니라는 전제 하에 초기 단계의 낙태를 정당화한다. 비록 어느 시점에 태아가 인간이 되는지 구체적으로 명시하지는 않았지만, 이것이 로 대 웨이드 판결에 적용된 주장이다. DNA는 임신이 될 때 형성된다. 태아의 심장박동은 18일이 되면 시작된다. 두 번째 달이 끝날 때가 되면 모든 신체 기관이 생겨나고 기능한다. 5개월에 이르면 태아는 어머니의 자궁 밖에서도 생존할 수 있다. 자의식은 때때로 출생 이후에 생긴다. 어느 누구도 어느 시점에 태아가 인간이 되는지 명확하게 규정할 수 없다. 정확한 경계선 없이 이루어지는 논증들은 이성에만 의존한 주관적인 논증이다.

이 관점이 가지고 있는 문제점의 일부분은 인간 발달human development을 인간 본질human essence과 혼동하고 있다는 것이다. 인격personality과 인체 기관parts이 심지어 사춘기와 그 이후까지 시종 점진적으로 계속하여 발달한다는 사실에는 아무도 이의를 제기하지 않을 것이다. 그러나 여전히 생물학적인 견지에서 인간의 특징을 이루는 요소들은 임신할 때 DNA의 형태로 모두 생겨난다. 인간의 사회적이고 영적인 특성은 어린아이가 어떤 특정한 환경 속에서 자라가면서 계속 개발된다. 따라서 육체적, 사회적, 혹은 영적 성숙은 그 사람의 인간 여부를 판가름하는 기준이 아니다. 영혼을 소유하고 있다고 해서 영적 성장이 자연히 이루어지지는 않는다. 또한 과학으로는 한 인간이 물질이 아닌 영적인 본성을 지니고 있다고 증명하거나 논박할 수 없다. 만약 사람이 영혼을 가지고 있다면, 과학은 그 영혼이 그 사람의 일부분이 되는 시점을 밝혀낼 수 없다. 이런 질문에 대한 대답을 찾으려면 종교나 믿음의 영역을 살펴보아야만 한다.

완전한 인간

"생명은 임신할 때 시작된다." 낙태 합법화에 반대하는 대부분의 사람들이 가지고 있는 확신이다. 생물학적인 관점에서 보면, 이 사실을 믿지 않을 수 없다. 그러나 보다 더 중요한 쟁점은 인간의 생명human life이 시작되는 시점이 임신할 당시인지, 그후 어느 시점인지를 판별하는 문제다. 만약 인간의 영혼이 임신할 때 생겨난다면, 임신하는 순간 태아 자체는 인간이라고 주장할 수 있다. 성경은 인간의 생명이 태아 발달의 어느 단계에서 시작되는지 명확하게 규정하지 않는다. 여기에는 태아는 발달 단계 중 인간이 되는 것이 아니라 처음 생겨나는 순간부터 인간이라는 가정이 깔려 있는 것 같다. 이 관점을 지지하는 성경의 몇몇 참고 구절들은 다음과 같다.

1. 태어나지 않은 아기들은 유아7세 미만-역주나 어린아이들에게 사용되는 동일한 단어인 '어린아이들'이라고 불렸다.출 21:22, 눅 1:41, 44; 2:12, 16
2. 하나님께서는 아담과 하와를 하나님의 형상대로 창조하신 것창 1:27과 마찬가지로, 태아를 창조하셨다.시 139:13
3. 태아의 생명에 상해를 입히거나 살해하는 죄출 21:22-25에, 성인에게 상해를 입히거나 살인한 죄와 동일한 처벌창 9:6을 내림으로써 태아의 생명을 존중했다.
4. 태아를 묘사하는 데 인칭대명사가 사용된다.렘 1:5, 마 1:20-21
5. 하나님께서는 다른 사람과 동일하게 친밀하고 개인적으로 태아를 아신다.시 139:15-16, 렘 1:5
6. 하나님께서는 출생 전에 태아를 부르신다.[37]창 25:22-23, 삿 13:2-7, 사 49:1, 갈 1:15

성경 밖에서, 과학자들은 낙태와 관련된 논쟁의 양 측면 모두를 취해 왔다. 대중매체는 종종 이런 유형의 논쟁을 과학 대對 믿음의 구조로 그린다. 하지만 각각의 측면에는 믿음과 과학이 모두 뒤섞여 있다. 진짜 논쟁은 세계관이 충돌하면서 벌어진다. 한쪽에서는 인간을 만물의 척도로 여기며, 삶의 질을 생명의 존엄성보다 더 중요한 것으로 여긴다. 다른 쪽의 견해는 유일신 하나님의 본성에 뿌리를 둔 절대불변의 도덕적 기준을 고수한다.

현대 과학이 자궁 내부를 들여다보는 창을 열어 줌으로써, 현대인들은 태아가 지닌 문제점을 발견할 수 있게 되었다. 그 결과 낙태를 고려할 이유가 생겨났다. 자기 아이가 어떤 기형이나 정신적 손상을 갖고 태어날 사실이 밝혀지면 많은 부모들은 낙태를 선택한다. 이렇게 시행되는 낙태가 정당하다고 규정하는 성경적 근거는 그 어디에도 없다. 낙태 합법화를 반대하는 많은 사람들도 산모와 태아의 생명이 명백하게 위험할 경우에는 낙태를 허용한다. 예를 들어, 수란관 임신은 아무런 조치를 취하지 않으면 산모와 태아 모두가 죽게 된다. 어떤 조치를 취하든 태아는 죽게 될 것이다. 이런 경우, 실제적으로 산모의 생명을 구하기 위해 낙태는 허용된다. 생명의 존엄성 원칙은 이런 생사를 가르는 결정에 대해 명확한 지침을 제공해 주어야만 한다.

만약 태아가 완전한 인간이라고 확실히 믿는다면, 우리는 다른 사람들과 동일하게 태아를 존중해야만 한다.

> 크기나 나이나 지역이나 기능적 능력과 같은 환경적 요인에 근거해 어떤 사람의 생명을 차별하는 것은 도덕적으로 그른 것이다. 그러나 낙태 지지자들은 동일한 기초에 근거해 태아를 인간이 아닌 존재로 간주한다. 그들의 근거에 따르면 피그미족 사람들아프리카 적도 부근에 사는 작은 흑인-역주이나 미숙아들, 혹은 열악한 환경에 살고 있는 소수 민족도 차별할 수 있다. 또 신체의 기능

이 불편한 장애우나 노인을 차별할 수도 있다. 그들을 차별하는 것이 잘못이라면 왜 아직도 자궁 속에 있는 아기들을 차별하는가? 만약 우리가 원하지 않는다 하여 태아를 인간 공동체에서 배제한다면, 우리 사회에 존재하는 에이즈 환자나 약물 중독자나 노숙자들 같은 원하지 않는 부류들을 제거하지 못할 이유도 없지 않는가?38)

결론

인간 DNA를 생각해 보아도 인간의 생명이 임신될 때 시작된다는 것이 과학적인 사실이다. 성경적인 증거도 동일하다. 인간의 생명이 임신될 때 시작된다면, 낙태는 임신 기간 동안 언제 시행되든지 간에 살인이다. 만약 인간의 생명이 나중에 시작된다면, 그 시점이 규정되어야만 한다. 그 규정된 시점 이후에 시행되는 낙태는 살인으로 간주될 수 있을 것이다. 정치적인 이해 관계가 얽혀 있고 이 문제에 관한 명확한 기준이 없으므로 이 논쟁은 당분간 계속될 것이다.

토론과 적용

1. 아기가 태어나 학대를 받는 것보다 태어나지 않는 것이 더 나은가? 하나님께서 생명의 주관자이신 것을 고려하며 토론해 보라.

2. 많은 사람들은 스코트 피터슨Scott Peterson의 이중 살인죄 판결 스코트 피터슨이 임신 8개월 된 아내를 죽여, 아내 살해와 영아 살해라는 이중 살인죄로 재판을 받은 사건 - 역주을 기억할 것이다. 피터슨은 아내와 태어나지 않은 아기를 죽였다. 연방정부가 모든 주에서 어떤 이유에서든지 간에 낙태를 허용한 사실과 아직 태어나지 않은 아기를 죽이는 것을 살인이라고 판결 내린 사실 사이에 일관성이 존재하는지 생각해 보라.

3. 많은 정치인들은 넌지시 개인적으로 낙태에 반대한다며, 최종 선택을 내리는 사람은 정치인이 아니라 어머니라고 주장할 것이다. 이것은 정당한 논점인가 아니면 그저 정치적인 수사일 뿐인가?

4. 인간 생명을 향한 관심이 점점 줄어드는 현상을 미루어 볼 때 현재 인간은 어떤 도덕적 상황에 처해 있음을 알 수 있는가?

21
"인간은 편안하게 죽을 권리가 있다?"
안락사

2006년 1월 17일 미국 대법원은 의사의 도움으로 자살할 수 있는 오리건 주의 법을 금지한 연방정부의 명령이 적법하지 않다고 판단했다. 이 책을 쓰고 있을 당시, 다른 주에서도 부분적으로 이 문제에 관한 토론이 이루어지고 있기는 했지만, 의사의 도움을 받아 자살하는 것을 법적으로 허용하는 주는 오리건 주가 유일했다. 환자의 생명이 육 개월이나 그보다 적게 남았다고 의사가 진단하는 경우, 이런 형태의 자살이 허용되었다. 이 법에 따라 오리건 주에서는 1998년에서 2005년 사이 200명 이상의 사람들이 치사 주사를 맞았다.[39]

어떤 사람들은 대법원이 이런 판결이 다른 주에 판례로 작용할 수 있을 것이라며 두려워한다. 또 어떤 사람들은 일단 안락사 mercy killing가 폭넓게 시행되면, 정부는 '훌륭한 삶의 질'을 누리지 못하는 국가시설의 환자들의 생명을 정당하게 거둘 수 있다고 생각하게 될지도 모른다고 우려

했다. 어느 캘리포니아 주 변호사는 이렇게 말했다. "일단 스스로 목숨을 끊는 것을 용인한다면, 어떻게 그것을 죽어가는 경우에만 논리적으로 제한시킬 수 있습니까? 더 오래 살며, 더 많은 고통을 경험하며 살아야 할 장애우들은 어떻게 합니까?"[40]

2005년의 테리 시아보Terry Schiavo 사건을 통해 많은 사람들은 안락사와 관련된 윤리학적 쟁점들에 보다 주의를 기울이게 되었다. 테리 시아보는 생명 유지 장치에 의지해 여러 해 동안 삶을 연장해 왔다. 그녀의 부모는 그녀를 식물인간 상태로라도 살려 두기 위해 법정 투쟁을 계속했지만, 정부는 테리가 지속적인 식물인간 상태로 삶을 연장하는 것을 원하지 않았다고 진술한 남편의 손을 들어 주었다. 테리는 생명 유지 장치를 제거한 지 13일 후인 2005년 3월 31일에 죽었다.

안락사와 관련된 쟁점은 옳고 그름을 질문하기에는 그리 간단한 것이 아니다. 왜냐하면 안락사에는 다양한 유형이 있기 때문이다. 이러한 안락사의 유형은 표 21.1에 요약되어 있다.

〈표 21.1〉 **안락사의 세 가지 유형**

적극적 안락사 (Active Euthanasia)	비자연적 소극적 안락사 (Unnatural Passive Euthanasia)	자연적 소극적 안락사 (Natural Passive Euthanasia)
고통을 줄이기 위해 인간의 생명을 취함	생명 연장에 필요한 자연적인 수단들(음식, 물, 공기)을 의도적으로 제공하지 않음	생명 연장에 필요한 인위적인 수단(신장투석요법, 인공호흡 장치, 장기이식 등)을 실시하지 않음으로써 생명을 연장할 수 없도록 함

'안락사'는 '편안한 죽음'이라는 의미를 가진 자비로운 살인mercy killing으로도 불린다. 사생활을 추구할 수 있는 헌법상의 권리에는 존엄하게 죽을 권리도 포함된다고 믿는 사람들이 있다. 안락사 옹호자들은 말기 질병이나 심각한 우울증으로 고통하기보다는 의학의 도움을 받아, 혹은 스스로 죽음을 택하는 것이 한 사람의 존엄성을 지키는 일이라고 말한다.

적극적 안락사

적극적 안락사는 오늘날 미국 전역에서 법정과 입법부 회기 동안 자주 토론되고 있는 안락사의 유형이다. 그러나 많은 교회와 복음주의적 리더들이 적극적 안락사를 강력하게 반대하고 있다. 과연 인간은 자신의 삶을 끝낼 시기를 결정할 수 있는가?

적극적 안락사의 옹호자들은 인간이 존엄하게 죽을 헌법상의 권리를 가지고 있다는 믿음 이외에 안락사를 지지하는 몇 가지 윤리학적 이유를 내세운다. 그들은 안락사가 고통당하는 자에게 자비를 베푸는 행동이라고 믿는다. 안락사는 환자가 겪어야만 하는 고통의 기간을 줄여 준다. 안락사는 가족들과 사회가 감당해야 할 엄청난 경제적인 짐을 덜어 준다. 안락사는 자비로운 행위이다. 말기 질병으로 고통당하는 개를 안락사시키는 것이 자비로운 행동으로 여겨지는 것과 마찬가지로, 한 인간을 고통으로부터 자유롭게 하는 것 또한 자비로운 행동이라는 것이다.

적극적 안락사에 대한 대답

안락사를 비판하는 사람들은 인간에게는 무고한 한 사람을 의도적으로 죽일 수 있는 도덕적 권한이 없다고 지적한다. 의사의 손을 통해서 이루어지든, 스스로 목숨을 끊든 안락사는 살인행위의 한 형태이다. 적극적 안락사는 생명의 존엄성 원칙과 하나님의 주권 원칙에 충돌한다. 안락사는 사람에게 한 사람의 생명을 끝낼 시기를 결정할 도덕적 권한이 있다는 것을 가정하기 때문이다.

때때로 하나님은 고난당하는 사람이나 주변에 있는 사람들에게 중요한 교훈을 가르치기 위해 고난을 사용하신다. 말기 질환으로 고생하는 사람을 돌보는 많은 사람들이 그 경험을 통해 보다 더 강해지고 보다 영적인 사람이 되었다고 증언한다. 생명의 존엄성을 믿는다면 가족들과 사회가 감당해야 할 경제적 짐도 쉽게 정리된다. 한 사람의 생명에는 어떤 가격표도 붙일 수 없다.

헌법에서 발견되는 사생활의 권리라는 견해에는 논쟁의 여지가 있다. 그러나 헌법수정 제 5조_{자기에게 불리한 증언의 거부, 자유·재산권의 보장 등이 규정된 미국의 헌법 조항-역주}와 제 14조_{흑인들, 혹은 미국 땅에 태어난 외국인에게 법적으로 미국시민권을 갖게 한 미국의 헌법 조항-역주}에 근거해 볼 때, 생명의 권리 원칙은 명백하다. 마찬가지로, 독립선언서도 창조주께서 허락하시고, 인간들이 가지고 있는 어떤 '양도할 수 없는 권리들'을 언급한다. 미국이라는 나라의 기초가 된 문서들은 안락사를 지지하기보다는 안락사에 반대하는 입장을 표명하고 있다.

개를 안락사시키는 예화는 약하다. 왜냐하면, 인간은 단순히 동물이 아니기 때문이다. 개를 안락사시키는 예를 인간 안락사에 적용하는 것은 인간은 하나님의 형상으로 창조된 존재가 아니라 동물에서 진화했다는 인본주의적 세계관에 영향을 받은 논증이다.

비자연적 소극적 안락사

소극적 안락사는 두 가지 범주로 나눌 수 있다. 비자연적 소극적 안락사와 자연적 소극적 안락사가 그것이다. 비자연적 소극적 안락사는 음식이나 공기나 물과 같이 인간 생명에 필수 불가결한 요소들을 제공하지 않음으로써 시행한다. 이런 필수요소들 가운데 어느 하나라도 의도적으로 제공하지 않는 것은 살인에 해당한다. 자연법칙에 어긋나는 소극적 안락사에 대해서도 적극적 안락사에 반대하는 모든 논증이 동일하게 적용된다. 보통 안락사라고 지칭할 때는 적극적 안락사와 비자연적 소극적 안락사를 말하는 경우가 많다. 세 번째 범주인 자연적 소극적 안락사는 항상 안락사로 분류되는 것은 아니다. 그러나 그것 또한 한 사람의 생명을 연장시켜 주는 수단을 제공하지 않음으로써 한 사람이 죽음을 맞이하는 결과가 나타나기 때문에, 안락사의 일종으로 간주될 수 있다.

안락사를 반대하는 사람들 중에는 환자가 질병으로 고통 받는 기간 동안 가능한 고통을 줄여 주기 위해 진정제나 다른 수단을 제공하는 것을 거의 반대하지 않는다는 사실을 지적하는 것이 중요하다. 성경은 잠언

31장 6-7절에서 이렇게 말씀한다. "독주는 죽게 된 자에게, 포도주는 마음에 근심하는 자에게 줄지어다 그는 마시고 자기의 빈궁한 것을 잊어버리겠고 다시 자기의 고통을 기억하지 아니하리라."

자연적 소극적 안락사

자연적 소극적 안락사는 기계적인 장치나 다른 인위적인 수단을 제공하지 않음으로써 환자가 죽음을 맞이하게 하는 것이다. 만약 말기 환자에게 이 원칙을 적용한다면, 많은 그리스도인들은 그것을 나쁜 것으로 여기지 않을 것이다. 생명 유지 장치에 의지한 채 혼수상태에 빠져 있는 사람들이나 의식은 있지만 기계 장치에 의존해 생명을 유지하고 있는 사람들이 이 경우에 포함된다. 이 견해와 충돌하는 어떤 명확한 원칙도 성경 속에서 발견할 수 없다. 자연적인 소극적 안락사는 생명을 취하는 것이 아니다. 그저 자연적으로 죽음이 찾아오도록 내버려 두는 것이다. 인공적인 수단을 통해서만 생명을 유지해 온 사람에게 그런 방식으로 계속 생명을 유지하도록 강요해서는 안 된다. 그런 사람은 스스로 결정을 내릴 수 없는 상황에 도달할 경우를 대비해 사망 희망서(불치의 병으로 식물인간이 되느니 죽기를 원한다는 문서-역주)를 작성함으로써 자연적 소극적 안락사를 법적으로 미리 계획할 수 있다. 사망 희망서를 활용하는 것은 가족들이 자연적 소극적 안락사를 결정하는 데 따르는 부담을 덜어 줄 것이다.

임종은 과정이다. 죽음은 그 과정의 정점이다. 일단 말기 질병이 걸리고 나면, 하나님께서 기적적으로 개입하지 않으시는 이상 죽음이 찾아오는 것은 시간문제다. 고통당하며 죽어가는 사람이 인공적인 수단으로 생명을 연장하고 있다면 그것은 죽음을 연기하는 것으로도 생각될 수 있다.

이 관점을 비판하는 사람들은 생명의 존엄성을 들어 인간의 생명을 유지하기 위해 우리의 능력 범위 안에서 할 수 있는 모든 것을 해야만 한다고 주장할 것이다. 그러나 이 입장은 죽음의 문제를 하나님의 손에 맡겨 드릴 만큼 충분히 하나님의 주권을 신뢰하지 않는 것으로 보일 수도 있다. 하나님께서는 한 사람의 생명을 유지하기로 하시면, 그렇게 하실 수 있는 분이시다. 하나님은 기술과 의약품의 도움이 있든 없든 간에 기적을 일으키실 수 있다.

명료화

여기서, 용어의 정의를 명확하게 하지 않는다면 혼란에 빠질 가능성이 있다. 비자연적 소극적 안락사의 확대된 정의는 "생존하기 위해 자연적인 수단이 필요한 사람에게 자연적인 수단을 자연적인 형태로 공급하지 않는 것"이다. 다른 말로 하면, 공기는 인간이 생명을 유지하기 위한 자연적인 요소이지만, 인공호흡 장치는 자연적인 요소가 아니다. 한 사람을 질식시켜 죽이는 것 다시 말해, 자연스럽게 공기를 호흡하지 못하도록 하는 것은 자연법칙에 어긋나는 것이다. 인공호흡 장치를 제거하는 것은 자연적인 것이다. 먹을 수 있는 사람에게 음식을 제공하지 않는 것은 자연법칙에 어긋나는 것이다. 영양 공급관을 제거하는 것은 자연적으로 죽음이 찾아오게 내버려 둔다는 면에서 자연적인 것이다.

명확하게 해야 할 또 한 가지 포인트는 우리가 자연적 소극적 안락사를 허용할 수 있다고 해서 모든 경우에 자연적 소극적 안락사를 허용하는 일을 당연하게 생각해서는 안 된다는 것이다. 영양 공급관과 인공호흡 장치는 특정한 외과 수술이 진행되는 동안이나 특정한 질병 때문에 필요한 것들이다. 그러나 그런 기구를 사용하는 목적은 결국 그 사람이 스스로 먹을 수 있고, 호흡하도록 하기 위해서다. 이것은 죽어가는 사람의 경우와는 아주 다른 것이다. 또한 의식이 있는 사람이나 잠재적으로 의식을 회복할 수 있는 사람은 이 결정을 스스로 내릴 수 있어야만 한다.

또한 인생의 대부분이나 전부를 영양 공급관에 의지해야 하지만 다른 모든 면에서는 행복하고 정상적인 삶을 살아갈 수 있는 사람들이 있다. 그런 사람들은 자신의 생명을 유지하려는 노력을 게을리할 이유가 없다.

결론

그리스도인들은 적극적 안락사와 비자연적 소극적 안락사가 둘 다 살인 행위에 해당하며, 또한 생명의 존엄성 원칙과 하나님의 주권 원칙에 충돌하기 때문에 거부해야만 한다. 자연적 소극적 안락사는 명확한 성경적 원칙과도 모순되지 않으며, 하나님의 주권을 믿는 믿음과도 충돌하지 않는다. 생명 유지 장치라는 인공적인 수단을 사용하는 것은 실제적으로는 죽음을 연기하는 것으로 간주될 수 있다. 각각의 경우는 특정 상황과 그 상황에 연관된 모든 사람들에게 가장 좋은 것이 무엇인지를 고려하여 이루어져야 한다.

토론과 적용

1. 어떤 종류의 안락사가 윤리적으로 용인되는지를 판단할 때, 세계관은 어떤 영향을 미치는가?

2. 부모님 중 한 분이 질병에 걸리거나 사고를 당하여 의식을 회복할 가망이 거의 없을 때, 생명을 연장하기 위해 장기간 생명 유지 장치를 사용하겠는가? 찬반양론으로 목록을 만들어 보라.

3. 당신은 대부분의 주처럼, 정부가 적극적 안락사를 불법으로 규정해야만 한다고 생각하는가?

4. 플로리다에서 일어난 테리 시아보 사건은 엄청난 미디어의 관심을 받았다. 그런 관심을 받게 된 이유 중 한 가지는 그녀가 사망 희망서를 준비하지 못했기 때문에 그녀를 사랑하는 사람들이 생명 유지 장치의

'전원을 뽑을 것'인지 말 것인지 결정을 내려야 했기 때문이다. 부모는 딸의 생명을 유지하기 원했다. 남편은 전원을 뽑기를 원했다. 이런 경우에 당신은 누가 그 사람의 생사의 결정권을 쥐어야만 한다고 생각하는가?

22

"나와 똑같은 인간이 이 세상에 존재한다!"

체세포 복제

"이 시점에 이르면 최초의 난자는 8에서 96개의 태아가 될 가능성이 있다. 이것이야말로 자연이 놀랍게 개량된 것이라는 의견에 이론이 없을 것이다. 난자가 때로 우연한 분열을 일으키던 모태시대에서 보았던 보잘것없는 쌍둥이나 세 쌍둥이가 아니라 훌륭하고 똑같은 쌍둥이가 나오는 것이다. 그것도 한번에 몇 다스씩, 아니 몇 십 쌍씩 나오는 것이다."[41]

이 글은 현대 과학 실험실에서 발표한 내용이 아니라 1932년에 초판이 출간된 올더스 헉슬리의 『멋진 신세계』에서 인용한 것이다. 『멋진 신세계』는 인간 배아 복제라는 개념을 공상 과학 소설이라는 대중적인 공간으로 가져왔다. 그러나 헉슬리의 상상 속에서나 존재했던 유성有性 복제sexual reproduction는 과거의 일이 되었다. 현재 복제 생물은 대량생산되어 사회의 다양한 영역에 공급되고 조작되고 있다.

복제 양 돌리가 탄생한 1997년에 체세포 복제 cloning, 미수정란의 핵을 체세포의 핵으로 바꿔 놓아 유전적으로 똑같은 생물을 얻는 기술-역주라는 문제는 소설 밖으로 튀어나와 정치적 논쟁을 일으키게 되었다. 인간 체세포 복제는 생물의학적 연구를 목적으로 어린이나 복제 인간을 생산하기 위해 실제 인간의 체세포를 복제하는 것을 말한다. 생명윤리에 대한 대통령 위원회 the President's Council on Bioethics가 제출한 보고서에는 이런 내용이 포함되어 있다.

> 반세기 이상 동안, 그리고 점점 더 빠른 속도로, 생물의학 관련 과학자들은 작은 생명체에서부터 큰 생명체에 이르기까지 생명체들의 활동에 관한 놀라운 신新 지식을 획득해 왔다. 또한 과학자들은 인체의 활동과 인간 지성의 활동에 관한 점점 더 정확하고 고도로 세련된 지식을 제공하고 있다. 생물의 활동에 관한 지식은 종종 그런 활동을 통제하거나 개조하는 새로운 기술 권력 technological powers을 낳는다. 보통은 인간의 질병을 치료하고, 고통을 완화하기 위해 확보된 힘이었다.42)

오늘날 발생하는 윤리적 딜레마들은 대부분 기술의 진보가 빚어낸 직접적 결과다. 과학자들은 인간 체세포 복제가 불임 부부들에게 자녀를 안겨 줄 것이라고 희망한다. 또한 인간 체세포 복제는 유전적 질병과 새로운 치료법을 연구하는 데 유용한 줄기세포를 생산하는 일에도 크게 도움이 될 것이다.

2001년에 미국 과학자들은 최초의 인간 체세포 복제 배아를 만들어

냈다. 그러나 그 복제 배아들은 분화과정 중에 육六세포기에 도달하자 모두 죽었다.43) 미국을 포함한 많은 나라들은 2001년에 인간 체세포 복제를 금지했다. 그러나 여전히 논쟁은 뜨겁다. 많은 과학자들은 인간 체세포 복제를 통해 질병의 궁극적인 치료책을 발견함으로써 인간의 고통이 줄어들 것이라고 믿는다.

복제 인간

무성생식 체세포 복제는 기존의 인간 신체 세포_{기증자}의 핵 물질을 핵이 제거되거나 활동하지 못하게 만들어 버린 난모卵母세포_{난자}로 치환하여 이루어진다. 수정된 난자는 복제 아기로 자라게 될 여성의 자궁에 이식된다. 그렇게 복제된 사람은 기증자와 동일한 유전자를 갖게 된다. 그 두 사람은 나이 차이가 난다는 것을 제외하고는 '일란성 쌍둥이'다.

인간 체세포 복제를 통해 무성생식으로 생산된 아이들은 전통적인 가족 안에서 태어나지 않을 가능성이 높아서 정서적인 욕구를 충족하기 어려울 것이다. 이런 아이들이 다른 가정에 입양된다 해도, 복제 인간이라는 정체성은 여전히 남게 된다. 복제된 아이들이 자녀를 낳을 수 없는 부부를 위해 태어난다면, 성공적인 복제 배아가 생산될 때까지 죽어 나가게 될 많은 배아들은 어떻게 해야 할까? 어떤 과학자들은 연구 목적으로 인간 체세포 복제를 활용하는 것을 옹호한다. 그러나 타인의 목적을 위해 인간을 조작하는 것은 또 다른 심각한 우려를 낳는다.

인간 체세포 복제의 목적과 문제점은 다음과 같이 요약될 수 있다.

목적

1. 불임 부부가 유전적으로 자신과 닮은 자녀를 얻을 수 있다.
2. 아이가 유전적인 질병을 가지고 태어날 위험이 있을 때 체세포 복제가 대안이 될 수 있다.
3. 이상적인 장기 기증자가 탄생할 수 있다.
4. 죽었거나 죽어가는 배우자나 친척을 복제함으로써 그들과 관계를 유지할 수 있다.
5. 사회는 뛰어난 지성이나 재능이나 미모를 갖춘 사람들을 복제할 수 있다.44)

문제점

1. 체세포 복제의 목적은 복제된 인간이 희생함으로써 부모와 사회가 유익을 얻는다는 사실에 초점이 맞추어져 있다. 복제된 인간의 복지는 어떻게 되는가?
2. 동물 실험의 경우, 체세포 복제의 사망률이 90퍼센트에 달한다. 더군다나, 살아서 태어난 복제 동물들은 기형이나 불구가 될 확률이 아주 높다. 만약에 체세포 복제된 인간이 자궁 속에서 기형이나 불구로 자라는 것이 관찰된다면, 그 아이들을 낙태하고 싶은 유혹이 생길 것이다. 그리고 기형으로 태어난 아이들의 운명은 어떻게 되겠는가? 체세포 복제의 목적이 무엇이건 간에, 하나의 복제 인간을 생

산하기 위해 수많은 배아들과 유아들을 죽이는 것을 정당화하기는 어렵다.
3. 이런 식으로 생명을 조작하는 것은 윤리적 문제를 불러일으킨다. 어떤 윤리학자들은 이제 과학자들이 하나님의 역할을 감당하려 하고 있다고 말한다.
4. 복제된 아이들은 정체성이나 개체성과 관련하여 정서적이고 심리적인 문제를 겪을 수 있다. 복제된 아이들은 하나님께서 허락하신 선물이 아니라 인간의 생산품으로 여겨질 것이다.

생명윤리에 관한 대통령 위원회가 제출한 보고서는 인간 체세포 복제가 안전하지 않고, 도덕적으로 용납하기 어렵다고 결론 내렸다. 생명의 존엄성 원칙과 하나님의 주권 원칙 또한 어린아이들을 만들어 내기 위해 체세포 복제를 하는 것은 잘못이라는 사실을 암시한다.

생물의학적 연구를 위한 체세포 복제

생물의학적 연구를 위해서는 인간 배아 복제가 허용되는가? 생물의학적 연구를 위한 체세포 복제의 긍정적인 측면은 태아의 발달과 유전적 연구에 관한 중요한 지식을 얻음으로써 잠재적인 질병과 장애를 치료하고 고칠 수 있다는 점이다. 옹호자들은, 엄청난 잠재력이 있는 진보된 연구를 위해 특별 복제 인간을 제작하여 줄기세포주 연구를 진행할 수 있다는 점을 강조한다.

부정적인 면으로는, 많은 인간 배아들이 그러한 연구 성과를 위해 희생되어야 한다는 점이다. 더군다나, 이런 의학적 연구 영역이 인간의 건강과 행복에 기여를 한다는 아무런 증거도 없다. 단지 경험에서 나온 추측만 있을 뿐이다.

어떤 과학자들은 인간 배아가 완전한 인간이 아니기 때문에 인간의 고통을 줄이기 위한 과학적인 연구를 위해 인간 배아를 사용하는 것은 정당하다고 믿는다. 체세포 복제 지지자들은 이런 배아들이 희생된다기 보다 인류의 삶의 질을 향상시킨다고 이해해야 한다고 말한다. 생명윤리에 대한 대통령 위원회의 구성원들은 대부분 연구용 배아는 기관 분화가 시작되기 전인 14일까지로 제한되어야 한다고 동의한다.[45]

생물의학적 연구를 위한 체세포 복제에 대한 반대

위원회는 생물의학적 연구를 위한 체세포 복제에 대한 반대 이유 몇 가지를 제시했다. 그 반대 이유에는 다음과 같은 내용이 포함된다.

1. 복제된 배아는 유전적으로 인간이며, 따라서 한 개인으로 여겨야 하지, 단순히 인간의 세포조직 덩어리로 다루어서는 안 된다.
2. 비록 연구의 목적은 인간의 생명을 파괴하는 것이 아니지만, 인간의 체세포 복제를 위한 생물의학적 연구 과정에서 불가피하게 배아들이 파괴될

것이다. 결과로 수단을 정당화해서는 안 된다.

3. 현재 체세포 복제 기술은 유성생식에서 무성생식으로 경계를 넘어감으로써, 유전자 조작과 다음 단계의 배아나 태아 연구를 시도하고 있다. 그리고 "연방정부를 소설 속으로 끌고 들어가 초기의 인간 생명을 파괴하도록 명령하는 불미스러운 자리에 세운다."[46]

4. 그리스도인은 체세포 복제의 반대 이유 목록에 생명은 본래적인 가치를 가지며, 하나님은 주권자이시라는 점을 상기시키는 메모를 추가할 것이다. 인간은 이 두 가지 원칙을 존중해야만 한다. 죽음을 피하려는 시도는 쓸데없는 것이다. 모든 인간은 어느 정도 고통을 당한다. 모든 고통이 나쁘다고 말하는 것은 사람들을 현혹하는 말이다. 우리는 고통으로부터 많은 유익을 얻을 수 있다. 일시적인 고통을 통해 영원한 의미에 대한 교훈을 배울 수도 있다. 인간은 세상에서 고통을 줄이기 위해 노력해야 한다. 그러나 다른 사람을 돕기 위해 또 다른 사람을 파괴하는 것은 도덕적으로 정당화될 수 없다.

결론

단지 가능하다고 해서 그 일이 정당한 것은 아니다. 비록 어린아이들을 복제해 내는 것이 과학 소설에서는 흥미로운 이야깃거리가 될 수는 있지만, 중요한 성경적 원칙들에는 위배된다. 생물의학적 연구를 위한 체세포 복제 또한 문제투성이다. 인간은 생사와 연계된 문제에 대한 윤리적 한계를 인정할 뿐 아니라 생명의 존엄성 원칙을 존중해야만 한다. 고통을 줄임으로써 삶의 질을 개선하는 것은 좋지만, 그것을 위해 다른 사람을 희생시켜서는 안 된다.

토론과 적용

1. 복제 인간과 정상적으로 출생한 인간이 함께 공존하게 될 미래의 세계를 상상해 보라. 복제 인간이 등장함에 따라 어떤 잠재적인 문제가 생길 것이라고 생각하는가?

2. 만약 인간 체세포 복제와 줄기세포 연구를 허용하고 자금을 지원하는 한 나라가 어떤 치명적인 질병을 치료할 수 있는 성공적인 방법이나 약을 찾아낸다면 어떻게 하겠는가? 미국인들은 인간 체세포 복제를 금지한 것이 잘못이었다고 인정해야 하는가? 우리가 그들이 발견한 새로운 의학적 지식의 유익을 취하는 것이 옳은 일인가? 그 이유는 무엇인가?

3. 생명의 존엄성 원칙은 체세포 복제 이슈와 어떻게 연관되어 있는가?

23

"과학 기술이 도덕 기준을 위협할 때"

줄기세포 연구와 다른 생물의학적 쟁점

줄기세포 연구

인간 배아 줄기세포는 생명의 기초적 요소building blocks다. 줄기세포는 아직 분화되지 않았지만 인간 신체의 어떤 세포로도 분화될 수 있다. 이런 분화는 임신 초기에 자연적으로 일어나는데, 몇 주 안에 아기가 가지고 태어날 조직이나 기관으로 분화된다. 과학자들은 현재 배아 줄기세포에서 그런 변화가 일어나는 원리를 연구하고 있다. 하나의 배아에서, 더 이상 분화는 일어나지 않지만 분화할 수 있는 능력을 가진 줄기세포 집단을 얻을 수 있다.[47] 과학자들은 그런 줄기세포 집단이 심각한 질병을 앓고 있는 사람들을 치료할 조직이나 기관으로 자랄 수 있을 것이라 기대하고 있다. 현재로는, 줄기세포 연구를 통해 다발성 경화증과 소아 당뇨병, 암과 파킨슨병 같은 질병이 성공적으로 치료될지는 확실하지 않다.

줄기세포 연구와 관련된 도덕적 쟁점 가운데 하나는 낙태된 임신 8주까지-역주 태아embryos와 임신 3개월이 넘은-역주 태아fetuses들을 사용한다는 점이다. 2001년에 조지 W. 부시 대통령은 현존하는 줄기세포주 연구를 실행하는 일에 연방 기금을 지원한다고 인준했다. 그 조처로 보수주의자들과 진보주의자들 모두 실망했다. 낙태를 반대하는 부시 대통령은 임신 8주까지-역주 이미 낙태된 태아들을 사용한다는 조건 하에 줄기세포주 연구를 정당화했다. 이미 악은 일어났으므로, 줄기세포주들을 연구함으로써 유익이라도 얻어 보자는 것이다. 진보주의자들은 그 결정이 너무 제한되어 있다고 생각했다. 그들은 연방정부의 조치가 너무 인색하여, 질병 치료 연구들이 지체될 것이라고 믿었다. 부시 대통령의 결정은 줄기세포 연구에 사설 기금을 어떻게 지원할 것인지는 제한을 두지 않았다.

2006년 7월, 미국 상원은 줄기세포 연구에 더 많은 연방 기금을 지원한다는 법안을 통과시켰다. 그 법안이 7월 19일 대통령의 책상에 도착했을 때, 대통령은 그 법안에 거부권을 행사했다.

낙태 클리닉에서 이미 낙태시킨 태아를 활용해 연구하는 일이 나쁜 일은 아니라고 생각될 수도 있을 것이다. 비록 이 질문에 대한 대답이 간단한 것은 아니지만, 그렇게 연구를 계속함으로써 낙태된 태아를 사고파는 시장이 생겨날 수도 있고, 낙태의 숫자를 줄이기 위한 법률을 통과시키는 과정이 더 어려워질 수 있다. 또 다른 논점은 결과가 수단을 정당화할 수 없다는 사실이다. 비록 결과나 목표가 좋지만 질병을 치료하는 것 그 목적을 이루기 위해 사용하는 특별한 수단들이 필연적으로 좋은 것은 아니다.

때때로 사람들은 탯줄과 성인의 뇌간腦幹, adult brain stem 같은 다른 원천으로부터 줄기세포를 확보할 수 있다고 주장하기도 한다. 어쨌든 낙태된 태아가 아닌 다른 원천으로부터 줄기세포를 얻을 수 있다면 심각한 도덕적 문제가 발생하지 않는다.

줄기세포 연구를 통해 질병 치료에 대한 사람들의 꿈과 소망이 이루어지려면 아직도 많은 시간이 필요하다는 사실을 유념해야만 한다. 때때로 선거철이 가까워지면 이러한 복잡한 논쟁이 자동차 범퍼에 붙이는 스티커의 구호로 단순화되기도 한다. 그리스도인들은 이런 논쟁들을 읽어 내고, 현명한 판단을 내리고, 다른 사람들과 이성적인 토론을 할 수 있도록 준비하는 것이 중요하다.

양수 줄기세포

양수 줄기세포AFS, Amniotic fluid-derived stem 연구는 전도유망한 새로운 연구 영역으로 떠오르고 있다. 웨이크 포레스트Wake Forest 대학의 재생 의학 연구소 Institute for Regenerative Medicine의 디렉터 안토니 아탈라Anthony Atala 박사는 임신한 여성의 양수에서 추출해 낸 줄기세포주를 여러 해 동안 연구해 왔다. 이런 줄기세포들은 많은 가능성을 제공해 준다. 아탈라 박사 팀은 양수에서 채취한 줄기세포로부터 뼈, 근육, 신경, 방광, 췌장 조직과 간 조직을 발육시켰다. 이 연구 분야는 자라고 있는 태아를 죽여야만 한다는 논쟁으로부터 자유롭다. 배아 줄기세포 연구를 지지하는 사람들은 이 새로운 연구 분야에 몇 가지 비판을 제기한다. 이런 줄기세포들은 배아 줄기세포보다 약 10주간 더 성장한 것이기 때문에 배아 줄기세포가 가지지 않은 몇 가지 한계를 갖고 있다. 그럼에도 불구하고 아탈라 박사는 양수 줄기세포주가 배아 줄기세포와 아주 유사하다고 지적한다. 그는 또한 양수 줄기세포주가 배아 줄기세포주보다 종양 발생 비율이 더 낮을 것으로 추정한다고 말했다.[48]

양수 줄기세포 연구의 결과가 갖는 의미는 엄청나다. 향후 20년 이내에 많은 사람들이 태아를 죽이지 않고 양수에서 채취한 줄기세포로부터 조직이나 기관을 이식받는 것이 가능하다. 사실, 어떤 사람들은 이미 인간의 다른 신체 조직에서 채취한 줄기세포로부터 혜택을 입고 있다. 아탈라 박사는 몇몇 어린아이들의 방광을 제거하고 부모의 세포에서 채취한 줄기세포에서 자라난 방광을 성공적으로 이식했다.[49]

유전자 검사

1950년대와 60년대의 공상과학영화와 만화책에서나 볼 수 있었던 유전자 검사는 그 이후 많이 발전해 왔다. 오늘날 가장 보편적인 형태의 유전자 검사는 예비 부모들이 태아가 유전학적인 기형이나 장애를 가지게 될 것인지를 알아보기 위해 실시한다. 어떤 부모들은 이런 정보를 통해 아이가 유전학적 기형이 있다고 확인되면 태아를 낙태한다. 반면, 어떤 부모들은 유전자 검사를 통해 아이의 문제를 알게 되면 태어날 아이를 더 잘 돌보기 위한 준비를 할 수 있다.

사람들은 자신이 어떤 질병에 쉽게 걸릴 수 있는지 유전자 검사를 통해 알 수 있다. 이런 유전자 검사의 결과는 다양하다. 긍정적으로 보았을 때, 앞으로 자신의 건강을 어떻게 관리해야 하는지 준비할 수 있다. 예를 들어, 유전학적으로 어떤 특정한 암에 걸리기 쉽다고 진단받은 사람은 그런 암을 예방하는 데 도움이 되는 영양과 환경을 전략적으로 마련할 수 있다. 반면 건강 보험 회사들이 그런 진단을 받은 사람들을 합리적으로 보장하려 하지 않을 문제도 생길 것이다.

유전자 검사가 초래할 가장 명백한 도덕적 문제는 부부가 비정상적인 아이를 출산하지 않으려고 낙태를 선택하는 것이다. 특정한 사람들이 위험 인물로 분류되고 그 결과 특정 직업을 갖지 못하게 되거나 건강 보험의 혜택을 누리지 못하게 되는 사회적인 문제 또한 발생할 수 있다. 만약 유전자 검사가 지금 상상하는 것처럼 보편적인 것이 되고 나면, 의료보험 이동성 및 책임에 대한 법령HIPPA, Health Insurance Portability and Accountability Act 조정자들50)과 정부의 다른 공무원들, 의료행위 제공자들은 환자의 프라이버시를 보호하기 위한 노력을 기울여야 한다.

피임

피임에 관해서는 세 가지 기본적인 접근법이 존재한다. 절대로 허용될 수 없다는 견해, 때때로 허용될 수 있다는 견해, 항상 허용될 수 있다는 견해가 그것이다. 물론 미혼인 사람들은 성적으로 절제해야만 하기 때문에, 피임할 일이 생겨서는 안 된다. 그러나 언제든지 피임에 직면하게 될 일이 생길 때를 대비하여 피임과 관련된 이슈들 가운데 몇 가지를 살펴보는 것이 좋겠다.

1. 피임은 절대로 허용될 수 없다고 믿는 사람들은 피임이 하나님의 역할을 침해하는 형태라고 믿고 있다. 성행위의 한 가지 목적은 번식이다. 자녀는 하나님께서 주시는 복이다. 피임에 반대하는 사람들 중에 많은 사람들은 어린아이가 태어나지 못하도록 막는 것은 비성경적이라고 주장한다.

2. 때때로 피임이 허용될 수 있다고 믿는 사람들은 보통 피임약을 활용하는 문제와 자연 유산을 유도하는 약물을 사용하는 문제를 구분한다. 경구 피임약은 임신을 예방하는 호르몬을 함유하고 있다. 대부분의 경우 임신이 예방된다. 그러나 난자가 수정되면, 피임약은 수정란이 자궁 내에 착상되지 못하도록 막는다. 비록 95퍼센트 이상 임신이 예방되지만, 극소수의 경우 자연 유산이 유발되기도 한다. 비록 태아가 자연적으로 유산되는 경우도 많지만, 유산하기 위해 약을 복용하는 것은 부도덕한 것이다.

3. 결혼한 부부에게 피임은 항상 허용되는 것이라고 믿는 그리스도인들은 하나님께서 인간에게 새로운 아이디어를 생각하고 발견할 능력을 주셨다는 사실을 지적한다. 의학의 발달은 삶을 여러 단계 더 편안하게 만들어 주었다. 부부는 가족계획을 위해 피임할 권리를 가지고 있다. 피임을 활용하는 것은 임신을 예방하기 위해 성관계를 삼가는 것처럼 하나님의 뜻에 어긋나는 것은 아니다. 더군다나 결혼한 부부가 장기간 성관계를 갖지 않으면 여러 가지 도덕적인 문제가 있다. 고전 7:1-5 피임은 결혼관계 안에서

보다 많은 자유를 허락해 준다.

어떤 그리스도인들은 경구용 피임약을 사용하는 것이 자연 유산을 유발한다는 염려는 확인되지 않은 사실이라고 말한다. 낙태 합법화에 반대하는 의사 협회는 경구 피임약을 사용하는 것이 전체 자연 유산의 수를 획기적으로 줄여 준다고 말한다. 이 수치는 피임약을 전혀 사용하지 않는 여성들이 자연 유산하는 경우가 20퍼센트에서 30퍼센트에 이른다는 사실로 산출된다. 그러나 피임약은 임신을 95퍼센트 이상 예방하기 때문에 자연 유산의 총수가 획기적으로 줄어들 수밖에 없다.

토론과 적용

1. 당신은 피임과 관련된 관점들 중에 가장 최선은 무엇이라고 생각하는가? 그 이유는 무엇인가?

2. 이전의 장들과 당신이 가지고 있는 다른 지식들을 반추하면서, 현대적인 과학 지식이 윤리적 쟁점들에 미치는 영향력을 찬반양론 목록으로 정리하고 토론해 보라. 100년에서 200년 전에는 이슈가 되지 않았던 윤리적인 이슈들의 목록을 작성해 보라.

3. 말기 질병으로 고생하는 인간을 냉동시킨 후, 질병의 치료책이 발견

되면 냉동 보존된 인체를 소생시킬 수 있는 인체 냉동 보존술 연구가 진행되고 있다. 아직 아무도 냉동된 인간을 성공적으로 해동시키지는 못했다. 어떤 사람은 냉동 인간을 성공적으로 해동시키는 것은 영원히 불가능할 것이라고 말한다. 인체 냉동 보존술과 관련된 잠재적인 윤리적 딜레마들은 무엇인가?

4. 이 장에서 다루지 못한 생물 의학적 쟁점들을 시험관 아기, 대리모, 임신 촉진제, 강제 예방접종 등 한 페이지 분량으로 요약해 보라. 1/3 페이지는 그 문제를 요약하고, 나머지 2/3는 그 쟁점과 관련된 윤리적 문제를 지적하라. 이 보고서를 당신이 속한 그룹이나 반에서 함께 공부하는 다른 사람들 앞에서 발표할 수 있다.

24
"눈에는 눈, 이에는 이?"
사형제도

사형제도는 범죄한 사람의 목숨을 끊는 제도다. 사형제도를 바라보는 관점에는 사형금지론 rehabilitationism, 사형부활론 reconstructionism, 그리고 응징론 retributionism 이 있다.

사형금지론

사형금지론자들은 범죄를 저지른 사람에게 결코 사형을 집행해서는 안 된다고 믿는다. 사형금지론자들 중에는 그리스도인도 있고, 비그리스도인도 있다. 이 관점은 정의의 목적이 범죄자의 응징에 있는 것이 아니라 사회 복귀 rehabilitation 에 있다는 생각에 기초하고 있다. 그러므로 사형금지론자들은 '감옥'이라는 용어보다 '교도소'라는 용어를 더 선호한다.

교도소는 교정하고, 상담을 받고, 어떻게 사회와 조화를 이루며 사는지 배우는 곳이다. 감옥은 형벌의 장소가 아니다.

세속적인 인본주의자들 중에는 죄나 악을 어떤 실체로 믿지 않기 때문에 이 입장을 지지하기도 한다. 사람들은 자신의 잘못이 아니라 유전학적이거나 환경적 요인 때문에 죄를 짓는다는 것이다. 사람은 자신에게 영향을 미치는 내면적이고 외면적인 요소들로 인해 때때로 사회적으로 수용되지 않는 일을 저지르기도 한다. 유전학적이거나 생리학적인 문제들은 때때로 치료 과정이나 약물을 통해 교정할 수 있다. 인간의 행동에 영향을 줄 수 있는 환경을 바꿈으로써 비정상적인 행동을 극복하거나 교정할 수도 있다. 교육과 돈, 인간관계, 상담 등도 치료에 도움이 된다.

사형금지론을 찬성하는 그리스도인들은 종종 예수님께서 평화와 관용과 용서를 장려하시는 분으로 등장하는 신약성경의 본문들을 인용한다. 예를 들어, 구약에서 간음하다가 잡힌 여인은 돌로 쳐 죽일 수 있었다. 그러나 예수님은 간음하다가 현장에서 잡힌 여인을 돌려보내시면서 다시는 죄를 범하지 말라고 말씀하셨다.요 8:1-11 사형은 다른 모세 율법들과 함께 폐지된 시민법의 한 부분이었다. 이 관점에 따르면 십자가는 모든 인류가 받은 사형 선고였다. 구약성경에서조차, 가인과 다윗 같은 예외가 있었다. 에스겔 18장 23절은 하나님께서 악인이 죽는 것을 기뻐하지 않으시며 "그가 돌이켜 그 길에서 떠나 사는 것을 어찌 기뻐하지 아니하겠느냐."라고 기록한다. 이 구절을 통해서 보면, 하나님께서는 죄인을 죽이는 것보다 죄인이 변화되는 것을 바라시는 듯하다.

사형을 반대하는 몇몇 도덕적인 논쟁들에는 다음과 같은 것들이 있다.

1. 사형은 때때로 불공평하게 적용된다. 무고한 사람이 사형당할 가능성이 아주 조금이라도 존재한다면 사회는 절대로 그런 가능성을 택해서는 안 된다.
2. 범죄자들은 죽여야 하는 것이 아니라 교정되어야 한다. 겔 18:23
3. 사형은 비인도적인 것이다.
4. 만약 지옥이 존재한다면, 왜 한 사람을 사형에 처함으로써 그 사람이 지옥에 도달하는 시간을 재촉하길 원하는가?
5. 그리스도인들은 신속히 용서해야만 한다. 하나님께서 재판관이시므로 악한 자들을 용납하지 않으실 것이다.

사형부활론

사형부활론자들은 재판의 목적을 범죄자들의 사회 복귀rehabilitative가 아니라 범죄에 대한 응징retributive으로 본다. 그들은 구약의 시민법을 모든 시대, 모든 사람에게 적용해야 한다고 생각한다. 이 관점에 따르면 모든 강력 범죄에는 사형이 집행되어야 한다. 이 관점을 지지하는 그리스도인들의 비율은 다른 관점들에 비해 가장 낮다. 그러나 여전히 이 원칙을 적용해야 한다고 주장하는 몇몇 그룹들이 존재하기 때문에 이 원칙은 언급할 가치가 있다. 이 장을 기록하는 순간에도 구약의 율법이 현대 사회에 적용되어야 한다는 관점을 고수하는 헌법당Constitutional Party이라는 작은 정치적 당파도 존재한다. 구약성경에서 언급한 사형에 해당하는 범죄는 스무 개 이상에 이른다. 이런 범죄에는 살인출 21:12, 부모에게 반항하는 것출 21:15, 17, 태아를 유산하는 것출 21:22-25, 무당출 22:18, 우상숭배출 22:20, 거짓 예언신 18:20, 강간신 22:25이 포함된다.51)

구약 율법을 복원하려는 시도를 진지하게 받아들이는 사람들은 극소수밖에 없다. 예수님이나 사도들도 구약의 율법을 복원하려고 하지 않았다. 그러나 구약성경에서 사형에 해당했던 범죄들은 오늘날에도 여전히 범죄다. 왜냐하면 그것은 하나님의 불변하시는 성품에 기초한 법이기 때문이다. 그러나 하나님께서 모든 사회가 구약 이스라엘의 신정적인 모델을 따르도록 의도하셨다고 믿을 이유가 없으며, 분명 구약성경이 특정 죄를 사형에 해당한다고 규정했다고 해서 그것을 그대로 수용할 필요는 없다.

간음한 여인을 향한 예수님의 태도와 더불어, 신약의 나머지 부분에서도 성적 범죄에 대한 가장 엄한 징계는 사형이 아니라 지역 교회에서 제명하는 것이었다는 사실을 알 수 있다.고전 5:5

신약성경 전반에 걸쳐, 구약 율법은 그리스도 안에서 성취된 것이 분명하다. 로마서 6장 14절은 성도들이 "법 아래에 있지 아니하고 은혜 아래에 있다."고 가르친다. 나중에 바울은 모든 믿는 자에게 "그리스도는 율법의 마침이 되신다."고 기록한다.롬 10:4

만약 모세의 율법이 여전히 오늘날의 사람들을 구속하는 것으로 받아들인다면, 그리스도께서 십자가 위에서 성취하신 일을 부인하는 것이나 마찬가지다.갈 3:21, 고린도후서 3장과 히브리서 8장도 보라.

응징론

응징론은 강력 범죄들, 특별히 살인에 대한 정당한 형벌은 사형이라고 주장한다. 사형부활론자들과 마찬가지로, 응징론자들도 재판의 주된 목적은 응징이라고 믿는다. 그러나 응징론자들은 모세의 율법이 오늘날에도 구속력이 있다고 믿지는 않는다. 그럼에도 불구하고, 모세의 율법은 하나님께서 어떤 구체적인 범죄들에 대해 사형을 허락하셨다는 선례가 된다.

모세의 율법이 확립되기 전에도 노아는 다른 사람의 피를 흘린 것을 그대로 갚아 줄 수 있는 정부를 형성할 권리를 부여받았다.창 9:5-6 더군다나, 신약성경은 정부가 '칼을 가지고' 악을 행하는 자들을 징계할 권리를 가지고 있다고 가르친다.롬 13:4 모세의 율법이 확립되기 이전에, 확립되는 동안, 그리고 확립된 이후에도 사형은 계속 허용되었기 때문에 오늘날 정부가 범죄자들을 사형에 처할 권세가 없다고 주장할 아무런 이유가 없다. 특별히 살인의 경우에는 더욱 그러하다. 그러나 하나님께서는 살인보다 덜한 범죄를 저지른 사람들을 사형에 처할 권리를 정부에게 주셨다는 언급이 모세의 율법 외에는 없기 때문에, 우리는 이 논리를 살인을 제외한 다른 범죄에 적용할 수 없다.

살인죄에 사형이 선고되어야 한다고 주장하는 사람들의 논리는 다음과 같다.

1. 살인에 사형을 적용하는 것은 사형부활론의 율법주의적인 극단으로 가지

않으면서도 정의에 어긋나지 않는 성경적 관점에 기초하고 있다.

2. 살인에 사형을 적용하면 범죄를 방지하고 반복적으로 범죄를 저지르는 사람들의 숫자가 줄어들어 무고한 생명들을 보호할 수 있다.

3. 살인에 사형을 적용함으로써 잠재적인 희생자들을 보호할 뿐만 아니라 희생자의 생명을 존중할 수 있다. 이것은 인간을 존중하고 생명을 고결하게 보는 관점에 기초하고 있다. 또한 살인에 사형을 적용하는 것은 범죄자를 유전학적이고 환경적인 요소에 완전히 지배당하는 동물의 수준으로 보는 것이 아니라, 이성적이고 도덕적인 존재라는 존엄성을 인정하는 것이다.

4. 성경은 정부에게 강력 범죄자들을 사형에 처할 권리를 부여했다. 하나님께서는 모세의 율법이 등장하기 이전 노아에게 다른 사람의 피를 흘린 사람은 다른 사람들에 의해서 그 사람의 피도 흘려야 하는 정부 체계를 형성하라고 말씀하셨다. 창 9:6 신약에서 모세의 율법이 폐지되고 난 이후에 바울은 정부가 악을 행하는 자들을 징계하고 시민들을 보호하기 위해 칼을 사용할 권리를 가지고 있다고 기록했다. 롬 13:1-4

사형금지론자의 관점에서 본 대답

1. 사형은 그 범죄자가 반복적으로 저지를 수 있는 잠재적 범죄를 모두 예방해 준다. 이외에는 사형이 범죄를 억제한다는 명백한 통계적 증거가 존재하지 않는다. 캐나다 같은 나라에서는 사형을 폐지한 이후

로 살인 사건의 비율이 줄어드는 것을 경험했다.

미국에서는 사형이 광범위하게 실행되지 않았던 1960년대와 1970년대에 살인 사건의 비율이 증가했다. 그러나 폭력적이지 않은 범죄 역시 이 기간에 증가한 것이 사실이다.

아마도 명백한 결론을 도출하지 못하게 만드는 통계를 왜곡시킨 다른 요소들도 있었을 것이다. 주(州) 별로 살인 사건 비율에 영향을 미치는 다른 많은 인구통계학적이고 문화적인 차이점들이 존재하기 때문에 사형 제도를 유지한 주들과 사형 제도를 폐지한 주들을 비교하는 것도 비생산적이다.

2. 인간을 바라보는 참으로 성경적인 관점은 인간의 도덕적인 책임을 인정할 뿐만 아니라 아담 이후로 인류를 괴롭혀 온 '타락한 죄'도 인정한다. 인간을 존중하고 고결하게 보는 관점은 범죄자의 영혼과 가족에게도 동일하게 적용되어야 한다. 응징론자들은 극단적으로 '눈에는 눈'이라는 방식을 취하며, 죄인을 대상으로 한 사역에는 아무런 여지를 남기지 않는다.

3. 정부에게 범죄자들을 사형에 처할 수 있는 권리가 있다는 말은 꼭 그들을 사형에 처해야 한다는 의미가 아니다. 정부는 무고한 시민들을 보호할 책임이 있다. 만약 어떤 제도가 범죄자들을 사회로 복귀시킬 뿐만 아니라 시민들을 보호할 수도 있다고 증명된다면, 그 제도를 고려해 보아야만 한다.

결론

사랑은 모든 윤리적인 접근법을 측정하는 절대불변의 기준이기 때문에, 사형과 같은 문제에도 적용되어야 한다. 응징론의 체계 안에서조차 그리스도인은 범죄자의 죽음을 보며 기쁨을 누려서는 안 된다. 성경은 분명히 정부가 살인을 저지른 범죄자들을 사형에 처하도록 허락한다. 어떤 사람은 살인자를 사형에 처하는 것은 정부의 권리일 뿐만 아니라 시민을 보호하고 범죄자를 공정하게 벌하기 위한 정부의 의무라고 말할 것이다. 그리고 긍휼의 마음으로 무장된 사람들은 극단적인 범죄를 저지른 사람들을 다룰 수 있는 더 나은 길을 찾고 있다.

토론과 적용

1. 신약성경의 다른 많은 본문들은 성도들이 더 이상 모세의 율법 아래에 놓여 있지 않고 예수 그리스도의 은혜 아래 놓여 있다는 관점을 지지한다. 다음의 본문을 살펴보고 사형부활론을 반박하는 데 적용될 수 있는지 토론해 보라. 창 3:24-25, 히 7-8장

2. 긴 안목으로 볼 때, 사형이 사람들의 생명을 보호할 것이라고 생각하는가? 사람들의 생명을 보호하는 문제가 사형제도와 관련된 논쟁의 중심을 차지해야만 하는가?

3. 비록 성경을 통해 정부가 살인자들을 사형에 처할 권리를 가지고 있다는 사실을 증명할 수 있지만, 그 권리를 가졌다고 해서 꼭 사형을 집행해야만 하는가? 다른 말로 하면, 사형제도를 대체할 만한 합리적이고 효과적인 제도가 있다면, 정부는 그 대안적인 제도를 확립할 권리도 가지고 있는가? 당신은 어떤 제도가 사형만큼이나 효과적이라고 생각하는가? 당신이 제시한 제도를 활용할 경우 일정 기간 동안 살인 사건이 더 적게 발생해야만 할 것이다.

4. 사형이 범죄를 억제하는지를 알아보기 위해 인터넷을 통해 통계자료를 조사해 보라. 사형제도를 지지하는 사람들은 사형이 범죄를 억제한다고 말할 것이다. 그러나 그들은 장기간의 항소 과정을 거치는 대신, 범죄자들을 즉시 사형에 처할 때 사형제도가 훨씬 효과적이라고 말할 것이다.

5. 만약 당신이 응징론의 입장을 취한다면, 다른 뺨도 돌려대고 원수를 사랑하라 하신 예수님의 말씀을 인용하는 비판자들에게 어떻게 대답하겠는가?

6. 만약 당신이 사형금지론의 입장을 취한다면, 무고한 사람의 생명을 취한 살인자는 생존할 권리가 없다고 주장하는 비판자에게 어떻게 대답하겠는가?

25
"때때로, 불가피한 선택을 해야 할 때도 있다"
전쟁

예수님께서는 말세가 될수록, "난리와 난리 소문"마 24:6이 있을 것이라고 말씀하셨다. 이 말씀이 20세기와 21세기보다 더 잘 나타난 세기는 없었다. 어떤 세기도 20세기만큼 엄청난 유혈참사를 목격하지는 못했다. 그러나 전쟁은 새로운 것이 아니다. 모든 세기, 지구의 어느 곳에서는 항상 전쟁이 일어나고 있었다.

성경에 나오는 고대 중동의 분쟁 역사 기록을 보면 하나님의 선민들도 종종 전쟁을 일으켰다는 사실을 알 수 있다.

그리스도인들은 전쟁에 관해 세 가지 주요한 관점을 견지한다. 평화주의Pacifism는 어떤 대가를 지불하고서라도 사람을 죽이는 전쟁을 피하려는 접근법이다. 평화주의자들은 전쟁은 언제나 잘못된 것이라고 믿는다.

행동주의Activism는 모든 전쟁을 정당화할 수 있는 것으로 본다. 만약 한 나라가 다른 나라에 전쟁을 선포하면, 그 나라의 시민들은 그 전쟁을 지원할 의무가 있다.

선별주의Selectivism는 상황에 따라 전쟁이 정당한지 그렇지 않은지 판단할 수 있다는 접근법이다. 전쟁에 대한 이 세 가지 접근법에 관한 책이 많이 있지만 이 장에서는 각 관점이 견지하는 중요한 핵심을 요약해 보겠다.

평화주의

평화주의를 찬성하는 논거

1. 살인하지 말라는 계명출 20:13은 하나님의 뜻이다. 전쟁은 무고한 시민을 죽이는 것을 포함해, 살인이 일어날 수밖에 없는 상황이다.
2. 예수님께서는 원수를 사랑하라는 말씀마 5:44과 악한 자를 대적하지 말고 오른편 뺨을 치거든 왼편도 돌려대라마 5:39는 말씀을 포함하여, 평화의 메시지를 선포하셨다.
3. 인간은 하나님의 형상대로 지음 받았기 때문에, 절대로 사람을 죽여서는 안 된다.
4. 전쟁은 문제를 해결하지 못한다. 오히려 더 많은 문제를 양산할 뿐이다. 중동 지역의 분쟁은 이 사실을 예증해 준다. 사람을 죽이는 것은 복수를 낳는다. 복수는 양쪽이 많은 생명을 잃게 되는 악순환을 낳는다.
5. 폭력을 근절하기 위해 폭력을 사용하는 것은 위선이다. 그런 태도는 다른 사람에게 나쁜 선례를 남긴다. 로마서 12장 19-21절은 우리가

선으로 악을 이겨야 한다고 가르친다.
6. 전쟁은 보복과 증오를 낳는다. 사람들은 순진하게 제1차 세계대전이 모든 전쟁을 종식시켰다고 선전했다. 그러나 역사는 그렇지 않음을 증명했다. 제2차 세계대전은 제1차 세계대전보다 더 격렬했다. 현재는 테러와의 전쟁이 진행되고 있다. 21세기 역시 평화의 세기가 되기는 어려워 보인다.
7. 우리는 군복을 입고 있든 그렇지 않든 평화를 이루고, 선으로 악에 저항하라는 도덕적 명령을 준수해야 한다. 사람과 직위를 구별하여 이 원칙에 예외를 두는 것은 비성경적이고 모순된 것이다.

평화주의를 반대하는 논거

1. 출애굽기 20장에 나오는 명령은 단순히 사람을 죽이는 것과 관련된 것이 아니라 살인과 관련된 것이다. 살인은 명백한 잘못이다. 그러나 모세 율법 체계 안에서 사형은 다양한 상황 속에서 허용되었다. 더군다나, 하나님께서 하나님의 백성들에게 전쟁에 나가라고 명령하셨던 때도 여러 번 있었다.
2. 평화주의는 비현실적이다. 만약 어떤 나라가 자기 방어를 위해 전쟁에 나갈 준비를 하지 않는다면, 다른 호전적인 나라에게 정복당할 것이다. 다른 그룹이나 나라가 평화롭게 살아가려는 나라를 향해 폭력을 사용할 수도 있다.
3. 전쟁을 하려 하지 않는 정부는 정부의 명백한 책무 중 하나인 자기 백성을 보호하는 의무를 소홀히 하는 정부다.

예를 들어 히틀러가 세계를 장악하려고 했을 때 다른 나라들이 어떻게 해야 했었는가?

• 행동주의

행동주의를 찬성하는 논거

1. 하나님께서 정부를 세우셨다. 하나님께서는 먼저 노아를 통해 정부에게 살인자의 생명을 취할 권리를 주셨다.창 9:6 비록 구약 전반에 걸쳐서 정부의 형태가 변화했지만, 하나님은 모세를 통한 신정정치 기간, 사사들이 활동한 기간, 왕정 기간을 통틀어 지속적으로 정부를 인정하셨다.

   하나님께서는 백성이 따르는 특정 지도자에게 하나님의 백성들을 이끌고 전쟁에 나가라고 직접적으로 여러 차례 명령하셨다.

2. 로마서 13장은 하나님 한 분 외에 다른 권위는 없고, 그 권위에 저항하는 사람은 누구든지 하나님의 법에 저항하는 것이라고 가르친다. 하나님께서 정부를 세우셨기 때문에, 사람들은 정부의 권위에 저항할 아무런 권리가 없다.

3. 하나님께서는 때때로 하나님의 목적을 이루기 위해 악한 정부를 사용하신다. 하나님께서는 여러 차례 이스라엘을 심판하기 위해 악한 이방 국가를 사용하셨다. 바벨론 포로가 되었을 때 다니엘은 이방의 왕에게 "지극히 높으신 하나님이 사람 나라를 다스리시며 자기의 뜻대

로 누구든지 그 자리에 세우신다."단5:21고 말했다.
4. 정부의 의견에 반드시 동의해야만 정부에게 순종할 수 있는 것은 아니다. 하나님께서는, 정부에게 순종한 사람들이 아니라 그러한 결정을 내린 정부에게 그 책임을 물으실 것이다.
5. 이민을 선택함으로 정부를 떠나는 방법이 있다. 소크라테스는 지배를 받는 백성이 자신의 의무를 수행해야 할 때를 제외하고 이민을 허용했다. 그 사람은 전쟁이나 봉사에 징발되기 전에 떠나야만 했다.
6. 정부에 불순종하면 혁명이나 무정부 상태를 초래할 수도 있다. 따라서 국가가 정의롭지 못한 결정을 내릴지라도 전시에는 국가의 명령을 따라야 한다. 혼돈과 무정부 상태보다는 악한 정부에 순종하는 것이 더 낫다는 주장이다. 어쨌든 종국에는 정의가 승리할 것이다.52)

행동주의를 반대하는 논거

1. 하나님께서 정부를 세우셨다고 해서 무조건 정부를 지지해야 하는 것은 아니다. 하나님께서는 때때로 악을 허용하시지만, 분명히 악을 명하지는 않으신다.
2. 성경에는 정부의 권위에 복종하지 않은 성도들의 사례가 등장한다. 인종청소genocide를 자행하는 독재자가 있다면, 다른 나라뿐만 아니라 그 독재자의 지배를 받는 시민들도 그를 제지해야 한다.
3. 예수님께서는 지속적으로 원수를 사랑하고 평화를 이루라고 가르치셨다. 지도자들이 전쟁을 원하더라도, 한 나라의 시민들은 분명히 평화로운 해결책을 선호하고 추구해야만 한다.

선별주의 의로운 전쟁

선별주의를 찬성하는 논거

1. 선별주의자들은 어떤 이유에서든 전쟁은 정당하지 않다고 생각한다. 그러나 때때로 전쟁은 필요하다고 인식하는 면에서는 현실적이다.
2. 행동주의와 달리, 성경은 정부와 하나님의 도덕법이 충돌할 때 정부에 순종할 필요가 없다고 가르친다. 히브리 산파들과 다니엘과 사도들은 모두 정부의 정책과 하나님의 더 높은 도덕법이 충돌할 때 정부에 불순종했다.
3. 평화주의와는 달리, 성경은 군인을 악한 직업으로 보지 않는다. 대신 정부의 명령을 받아 정의를 실행하는 하나님의 사역으로 본다. 롬 13:4
4. 국가는 스스로 방어할 권리가 있다. 정부는 자기 백성을 보호할 책임이 있다.
5. 많은 선별주의자들은 폭넓게 수용되는 '의로운 전쟁 이론'을 지지한다. 의로운 전쟁 이론의 핵심은 다음과 같이 요약할 수 있다.[53]

   a. 무고한 사람의 방어나 스스로 자기 방어를 하는 사람의 행위는 정당하다. 때때로, 침략자들이 먼저 침공한다면, 정의로운 국가는 평화를 확립하기 위해 싸워야만 한다. 그러나 "침략당한 나라가 자위력을 발동해도 침공한 나라를 영구적으로 점령할 권리는 없다."

   b. 정의를 실행하기 위해 싸우는 전쟁은 정당하다. 히틀러에 대항한 연합군이 그 적절한 사례이다. 연합군은 히틀러가 이끄는 독일을 응징할 필요가

있었다. 이런 보복은 정당하다. 그러나 그 나라가 항복하고 나면, 군대는 전체 국가를 상대로 보복하는 것이 아니라, 범죄자나 지도자들과 싸워야만 한다. "국가에 치명적인 공격이 임박했다."는 정보가 존재하지 않는 이상 선제공격은 정당하지 않다. 그런 정보를 입수했을 때조차도, 선제공격을 감행하여 잠재적인 침략자들을 유린해 황폐하게 만들어서는 안 된다.

c. 정의로운 전쟁은 정당하게 수행되어야만 한다. 절대로 무고한 시민이 목표물이 되어서는 안 된다. 무기는 합당하게 사용되어야 한다. 전쟁이 끝난 다음에도 그곳에서 살아야 할 사람들을 위해 생태학적인 영향력도 고려해야 한다.

d. 오직 정부만이 전쟁을 수행할 권리를 가진다. 일개 시민이나 일개 시민군이 전쟁을 수행하는 것은 정당하지 않다.

e. 먼저 평화로운 대안이 없는 상태에서만 전쟁을 고려해야 한다. 의로운 전쟁의 목적은 정복이 아니라 평화다.

f. 이길 수 있다는 확신이 있을 때에만 수행되어야 한다. 이길 수 없는 전쟁을 벌이는 것은 정당하지 않다. 많은 사람들이 무고하게 죽게 될 것이다.

자신을 선별주의자라고 주장하는 사람들은 때때로 국가에 맹목적으로 충성하며 국가가 치르는 모든 전쟁을 지지하는 경우가 있다. 하나님의 이상을 품고 살아가는 선별주의자는 평화주의자의 마음을 이해하고, 평화를 보호하고 유지하기 위해 병력이 필요할 때가 있다는 사실을 이해하는 지혜를 갖게 될 것이다. 모든 성도들은 예수님이 평화의 왕으로 언급된다는 사실과 그분이 이 땅에 계시는 동안 평화를 이루려 하셨고, 언젠가는 이 세상에 평화를 가져오실 것을 약속하셨다는 사실을 잘 기억할 것이다. 그분이 다시 오시는 때에 예수님은 모든 전쟁을 종식시키기 위해 올바르게 전쟁을 이끄실 것이다. 계 19:11-16, 21:4

결론

단순히 몇몇 증거 본문들만 살펴본다면 이들 세 입장은 모두 나름의 근거가 있다. 그러나 성경 전체, 특별히 그리스도의 가르침을 고려해 보면, 평화를 위한 다른 모든 대안이 사라졌을 때에만 전쟁을 수행하는 선별주의가 가장 성경적인 접근법인 것 같다. 남편이 아내와 자녀들을 보호할 책임이 있는 것처럼, 정부는 시민들을 보호할 책임이 있다. 전쟁을 치르는 것이 국가가 시민을 확실히 보호하는 방편이라면, 때로 전쟁을 치를 필요도 있다. 그러나 정부의 지도자들은 그런 결정을 내려야 하는 책임을 가볍게 여겨서는 안 된다. 그런 결정은 틀림없이 많은 생명을 위협하거나 생명을 잃는 결과를 가져올 것이다. 평화를 유지하는 동시에 여러 해 동안 적절히 분쟁을 피해 온 다른 나라들의 사례를 살펴보고 대안을 얻는 것도 좋은 방법이다.

토론과 적용

1. 테러와의 전쟁이 의로운 전쟁의 예라고 생각하는가? 보다 구체적으로,

2003년에 시작된 이라크 전쟁이 의로운 전쟁이라고 생각하는가? 왜 그렇게 생각하는가? 혹은 왜 그렇게 생각하지 않는가?

2. 이 장에서 다룬 전쟁에 관한 관점 중 어떤 것이 가장 성경적이라고 생각하는가? 이 책에 제시된 이유들을 나열해 보라. 성경이나 다른 자료에서 찾은 이유들을 자유롭게 추가해 보라.

3. 성도들은 원수를 사랑하고 다른 편 뺨도 돌려대라는 예수님의 말씀과 이스라엘에게 가나안과 전쟁하라고 하신 하나님의 명령을 어떻게 조화시켜야 하는가?

26

"잠깐의 향락보다 영원한 기쁨으로"

중독

알코올 남용과 약물 남용 같은 중독Substance Abuse 술, 약물, 마약 등을 장기간 병적으로 사용함, 광의적으로는 술이나 약물에 탐닉함을 가리킴 – 역주은 수천 년 동안 문제가 되어 왔다. 성경에는 노아가 홍수로부터 구원을 얻은 후 얼마 지나지 않아 술 취했음을 기록하고 있다.창 9:21 성경은 강한 술이나 과음의 위험을 반복적으로 경고하고 있다.잠 23:29-35, 롬 13:13

술 취함이 죄가 되는 몇 가지 이유는 다음과 같다.

1. 과도한 알코올로 판단력이 저하된다. 술 취한 사람들은 도덕적 실수를 저지르기도 한다. 어떤 사람들은 술에 취하면 폭력적으로 변한다. 오늘날, 음주 운전으로 매년 수천 명이 죽기도 한다. 술 취한 사람은 판단력이 흐려져 자신은 종종 실제보다 훨씬 더 알코올을 잘 다룰 수 있다고 착각한다.
2. 과도한 알코올은 심각한 건강 이상을 유발할 수 있다. 과도한 알코올로 인

해 간 경변, 특정 암, 심장 질환, 뇌 손상이 생길 수 있으며, 이외에도 다른 문제가 발생할 수 있다.

3. 술 취한 상태에서는 주님을 제대로 섬길 수 없다. 에베소서 5장 18절은 성도들에게 "술 취하지 말라 이는 방탕한 것이니 오직 성령으로 충만함을 받으라."고 명령한다. 우리 몸은 성령의 전이다. 취하게 하는 물질은 섬김을 통해 하나님께 순종하는 우리의 능력을 방해한다.

4. 성경 시대에 포도주는 물과 포도주를 3대1로 희석하여 마셨다는 것을 고려해 볼 수 있다.54) 성경에서 희석하지 않은 독한 술은 의료적인 목적을 제외하고는잠 31:6 마시지 말라고 경고했다.잠 20:1 따라서 '독한 술'을 마시지 않는 이상 술에 취하기는 아주 어려웠다.

알코올을 포함한다면, 성경은 약물 남용에 대해 할 말이 많다. 코카인, 마리화나, LSD 정신 분열 같은 증상을 일으키는 환각제-역주, PCP 펜시클리딘, 마취약이지만 마약으로도 쓰임-역주, 헤로인, 메탐페타민 필로폰 - 역주과 엑스터시 같은 약물들은 성경 시대에는 알려지지 않았다. 그러나 알코올은 알려져 있었다. 알코올을 비롯하여 이런 물질을 과도하게 사용하면 판단력이 흐려지고, 건강을 해치며, 주님을 섬기는 데 방해가 된다고 알려져 있다. 이 가운데 헤로인, 코카인, 메탐페타민 같은 물질은 중독성을 가지고 있다. 이 경우, 금단현상이 너무나 심해 입원 치료가 필요하다. 대부분의 사람들에게 LSD나 마리화나 같은 약물은 중독성이 없다. 그러나 한 사람의 사회성과 정서를 황폐화시킬 수 있다.

그리스도인들이 이런 물질을 삼가야 할 또 다른 중요한 이유는 법이 그것을 금지하기 때문이다. 이런 약물 가운데 어느 것이라도 소지하거나 사용하는 것은 불법이다. 로마서 13장 1-4절은 성도들이 정부의 법령에 복종해야 한다고 가르친다. 이런 법률에 저항하는 사람은 하나님께 저항하는 것이다. 미국에서 21세 이하는 술을 소지하거나 마시는 것이 불법으로 규정되어 있다.

때때로 반反 마약-알코올 캠페인에 이의를 제기하는 목소리도 있다. 어떤 사람은 적당한 알코올의 건강상 유익과 마리화나의 효능을 지적하기도 한다. 적당한 알코올이 인체에 긍정적 영향도 미치지만, 현 시대의 젊은이들 사이에 퍼져 있는 문화적인 풍조는 적당하게 알코올을 섭취하는 문화가 아니다. 더군다나, 21세 이하는 알코올을 섭취하는 것이 불법이라는 사실을 유념해야만 한다. 대학생들이 기숙사에서 '마리화나용 물파이프를 피우는' 목적은 녹내장이나 암을 치료하기 위한 것이 아니다. 우리는 약물과 알코올에 관한 법률을 존중해야만 한다. 법이 통제하는 특정 물질의 약효를 얻기 위해서는 의사의 처방을 받아야만 한다. 심지어 처방된 약물조차도 중독성이 있고, 인체를 쇠약하게 할 수 있기 때문에 주의하여 사용해야만 한다.

어떻게 도움을 받을 수 있는가?

십자가의 능력은 우리가 충분히 중독과 다른 죄악을 극복하도록 도울 수 있다. 우리는 우리 죄를 인정하고, 그리스도께로 돌아와 용서를 구하고,

새로운 삶의 길을 걸어가기 시작해야 한다. 때때로 새로운 삶을 시작하기 위해서는 오래된 친구와 교제를 단절해야 할 수도 있다. 이런 물질이 가지고 있는 육체적이고 정신적인 중독 본성 때문에, 전문적인 도움도 필요할 것이다. 전문적인 도움은 중독 문제에 헌신한 목회자, 상담자, 심리학자와 전문 기관을 통해 얻을 수 있다. 미국 국립 약해藥害 연구소National Institute of Drug Abuse, NIDA는 인터넷으로 물질 남용에 관한 유익한 정보를 제공하고 있다. 대부분의 도시에는 중독 문제를 해결하기 위한 클리닉이 있으며, 이들 클리닉은 전화번호부에 수록되어 있다. 많은 교회에는 성경적 원칙을 12단계의 프로그램으로 편성한 '회복 축제'라는 프로그램을 가지고 있다. www.celebraterecovery.org에서 회복 축제 지역 지부에 관한 정보를 제공한다. 이런 프로그램의 대부분은 성인에 초점을 맞추고 있다. 하지만, 어떤 교회는 십대를 위한 프로그램도 갖추고 있다. 당신이 출석하는 지역 교회의 목회자가 이런 문제로 고민하는 이들을 위한 다양한 제안사항을 가지고 있을 수도 있다.

토론과 적용

1. 왜 그토록 많은 십대들과 이십대들이 약물과 알코올 중독에 빠진다고 생각하는가?

2. 당신이 현행법상 불법인 물질로만 치료할 수 있는 질병에 걸렸다고 생

각해 보라. 당신은 이 물질을 불법으로 구해야만 하는가? 왜 그래야만 하는가? 혹은 왜 그래서는 안 되는가?

3. 중독과 관련한 문제를 겪고 있는 친구를 돕기 위해 어떤 단계를 밟아 갈 수 있는가? 보편적으로 스스로 변하기를 원치 않으면 사람은 변하지 않을 것이라는 사실을 염두에 두라.

4. 생명의 존엄성 원칙은 중독에 대한 바른 관점을 형성하는 데 어떻게 도움을 줄 수 있는가?

그리스도인의 자유

라이언 스너퍼(Ryan P. Snuffer)

우리는 3장에서 그리스도인들이 구약 율법을 바라보는 관점을 토론하면서, 초기 기독교 지도자들이 그리스도인의 자유라는 새로운 개념을 확립했다고 말했다. 부록 A의 목적은 그리스도인으로서 우리가 따라야 하는 윤리적인 기준과 그리스도인의 자유라는 개념을 자세히 살펴보는 것이다.

교회 역사를 통틀어, 교리와 문화적 전통들은 다양한 논쟁을 빚어 냈다. 어떤 세대가 전통으로 받아들였던 것을 때때로 다음 세대는 교리로 간주했다. 만약 교리가 성경에서 도출된 명백한 가르침이나 개념으로 이해된다면, 성경이 구체적으로 다루지 않는 영역은 기독교 교리로 간주해서는 안 된다는 결론에 도달한다. 믿음에 필수불가결한 교리에 그리스도인들이 항상 동의한 것은 아니다. 그러나 사도신경은 기독교 역사상 거의 대부분의 성도들이 지켜 온 교리를 요약해 준다.

전능하사 천지를 만드신 하나님 아버지를 내가 믿사오며

그 외아들 우리 주 예수 그리스도를 믿사오니

이는 성령으로 잉태하사 동정녀 마리아에게 나시고

본디오 빌라도에게 고난을 받으사 십자가에 못 박혀 죽으시고

장사한 지 사흘 만에 죽은 자 가운데서 다시 살아나시며

하늘에 오르사 전능하신 하나님 우편에 앉아 계시다가

저리로서 산 자와 죽은 자를 심판하러 오시리라

성령을 믿사오며, 거룩한 공회55)와 성도가 서로 교통하는 것과

죄를 사하여 주시는 것과 몸이 다시 사는 것과

영원히 사는 것을 믿사옵나이다.

사도신경과 같은 교리는 삼위일체, 동정녀 탄생, 성경의 영감, 그리스도의 십자가 대속의 죽음, 부활과 관련된 전통적인 가르침들에 한정될 필요는 없지만 이런 가르침들을 포함하고 있다.

한편, 성도들에게 의미 있고 중요하기는 하지만 신앙에 본질적인 요소는 아닌 기독교의 다른 많은 가르침들이 있다. 이런 예들에는 교회의 정치 구조, 교단 이름, 영적 은사, 지구의 연대, 사역에서 여성의 역할 등이 포함된다.

어떤 그리스도인 그룹은 비본질적인 교리들을 그리스도인의 믿음을 점검하는 교리로 사용한다. 때때로 이것은 그리스도의 몸 된 교회에 불필요한 분열을 가져온다. 그리스도인들은 이런 비본질적인 영역에서는 자신의 신앙을 유지하면서도 자신의 의견에 동의하지 않는 성도들을 존

중함으로써 그리스도인의 자유를 행사할 수 있다.

그리스도인의 자유는 행위 대對 믿음이라는 관점에서 생각해 볼 수 있다. 그리스도인의 자유를 다루는 신약성경의 분문들은 주로 믿음보다는 행위를 다룬다. 그러나 자유라는 아이디어를 남용하는 그리스도인들도 있기 때문에, 그리스도인의 자유를 행사할 수 없는 영역을 짚고 넘어갈 필요가 있다. 다음과 같은 부분에서는 그리스도인의 자유를 행사할 수 없다.

1. 죄지을 수 있는 자유

죄짓는 것은 결코 합당하지 않다. 때때로 성경은 각각의 문제들을 구체적으로 다루지는 않지만 그 문제에 적용할 원칙들을 제시한다. 예를 들어, 성경은 헤로인을 사용하는 것을 구체적으로 정죄하지 않지만, 그 문제에 관한 성경적 원칙들을 소개한다. 성도의 몸은 성령의 전이다. 헤로인은 몸을 파괴하는 해로운 마약이다. 바울 사도는 자신이 어떤 것에도 노예가 되지 않을 것 개역개정에서는 '얽매이지 아니하리라.'로 번역함-역주이라고 말했다.고전 6:12 헤로인은 중독성이 있다.노예가 되게 한다. 성경은 자신 위에 있는 권위에 복종하라고 명령한다. 헤로인은 불법이다. 헤로인을 소지하는 것은 법을 어기는 것이다. 이 세 가지 원칙들은 헤로인이나 그에 준하는 해롭고 중독성을 띤 불법적인 물질을 사용하는 것이 잘못이라는 강력한 논거가 된다.

2. 악한 행동은 아닐지라도 때와 장소를 가리지 않고 행할 수 있는 자유

실제로 잘못된 행동은 아니지만 우리의 행동 때문에 다른 사람들이 불쾌하다면, 그 행동은 잘못이다.롬 14:1, 고전 8:7 그리스도인의 자유는 다음과 같은 개념으로 요약할 수 있다.

(1) 신약의 성도들은 더 이상 구약의 율법 아래에 있지 않다. 예루살렘 공의회는 사도행전 15장에서 신약의 성도들은 더 이상 율법 아래 있지 않다고 인정했다. 바울 사도 또한 갈라디아서에서 이 개념을 폭넓게 다룬다.

(2) 신약성경에 나오는 교훈이나 원칙에 반하지 않는 행동과 활동들은 자신의 양심이 자신을 정죄하지 않는 이상, 그리고 믿음이 약한 사람들을 불쾌하게 하지 않는 이상 즐길 수 있다. 롬 14:1-5, 20-23

(3) 믿음이 약한 그리스도인이 '실족' 하지 않도록 우리의 자유를 제한해야 할 때도 있다. 고전 8:9-13

(4) 믿음이 약한 성도들은 믿음이 더 강한 성도로 자라 가도록 지도와 도움을 받을 수 있다. 롬 14장, 고전 8장, 10:23-33

   a. 더 약한 성도란 영적인 이해가 부족한 자들이다. 고전 8:7

   b. 더 약한 성도들의 죄는 행동 그 자체와 연관되어 있는 것이 아니라 그 행동에 관한 견해와 연관되어 있다. 롬 14:5, 고전 10:27-29 자신의 양심과 일치하지 않는 행동을 한다면, 그 사람은 죄를 짓는 것이다.

(5) 모든 것은 깨끗한 양심으로 하나님의 영광을 위해 행해야만 한다. 롬 14:22-23, 고전 10:31

그리스도인의 자유는 신약성경에서 폭넓게 다루는 중요한 개념이다. 그리스도인의 자유는 그리스도의 몸 안에서 더 큰 일치를 가져올 잠재력을 가지고 있다. 모든 그리스도인들은 그리스도의 몸이 하나뿐이요, 그

몸에 많은 지체가 있다는 사실을 잘 기억하고 있을 것이다. 그리스도의 몸 안에 있는 다양성은 세상 속에 존재하는 다양성을 보충하도록 돕는다. 그리스도인들은 세상에 속한of the world 자들처럼 생각하지 않는다. 그러나 그리스도인들은 세상 속in에서 살아야만 하며, 그리스도의 구원의 복음을 들고 세상에 속한 사람들에게 다가서려고 노력해야만 한다. 따라서 그리스도인들은 기독교의 주요한 가르침을 중심으로 믿음에 필수불가결하지 않은 영역들에는 품위 있게 의견 차이를 인정하는 법을 배워야 한다. 표 A.1은 기독교의 기초 교리 중에서 그리스도인들 사이에 차이가 존재하지만, 필수불가결하지 않은 몇 가지 요소다.

〈표 A.1〉 **복음주의적 전통과 선호**

개인적인 외모	비본질적인 교리	예배 방법론	다른 요소들
긴 머리와 수염(남자), 복장 스타일(여자)	지구의 연대, 그리스도가 재림하는 때, 교회 정치 형태, 교회 사역에서의 여성의 역할	예배 순서, 음악 스타일, 신경(信經, creeds)의 사용, 성찬의 빈도, 교회 예배의 빈도	정당, 정치적 입장, 사회적 단체에 참여함

예수님의 방법 대(對) 바리새인의 방법

그리스도인들이 문화를 대하는 관점은 예수님 당시 전통에 관한 논쟁과 유사하다. 산상수훈에서 예수님은 진정한 내적 거룩의 중요성을 지적하셨다. 예수님은 때때로 바리새인들의 전통적인 가르침을 무시하셨다. 바리새인들은 때때로 율법주의로 묘사된 복잡한 종교적·문화적 체계를 확립했다. 그들은 구약으로부터 시작했다. 그들은 유대의 문화에 바리새인들의 율법 해석과 적용을 추가했다. 그들은 율법주의적인 명령과 압박하는 기술을 가지고 종교의 이름으로 유대 문화를 통제하려 시도했다고 알려졌다. 그들은 어느 정도 유대의 문화를 변혁시키는 데는 성공했지만, 사람들의 마음에 긍정적인 영향력을 미치는 데는 실패했다.

마태복음 22장에서 예수님은 마음과 목숨과 뜻을 다하여 하나님을 사랑하는 것과 자기 이웃을 자기 자신같이 사랑하는 것이 두 가지 위대한 계명이라고 말씀하셨다. 그런 다음 예수님은 이 두 가지 명령이 온 율법과 선지자의 강령이라고 말씀하셨다. 예수님은 요한복음 13장 35절에서 제자들을 구별하는 표시는 서로 사랑하는 것이라고 말씀하셨다.

표 A.2에 나타난 '예수님의 방법' 대로 살면 성도들은 세상에 영향력을 미치게 될 것이다. 예수님의 방법대로 사는 것은 우리가 올바른 동기를 가지고 하나님을 섬기고 있다는 사실을 확증해 준다. 많은 그리스도인들이 예수님의 방법대로 충분히 살았음에도 불구하고 문화에 강한 영향력을 주지 못하는 일은 없을 것이다. 사람들은 교회에 매료될 것이며, 교회는 더 많은 영향력을 미치게 될 것이다. 그 영향력은 직접적이기보다는 간접적일 것이다. 그 영향력은 다른 문화적 명령들보다 더 심원할 것이다.

〈표 A.2〉 **예수님의 방법**

사 랑	결 과
하나님을 사랑하라 하나님과 사람을 사랑하라 서로를 향한 형제의 사랑	섬김을 위한 동기는 순수하다 참된 거룩 세상을 향한 긍정적인 증거

마태복음 23장에서 예수님은 바리새인들의 종교적 위선을 강하게 비난하신다. 표 A.3의 바리새인의 방법에 사로잡힌 사람은 모두 손해를 본다. 바리새인의 방법은 사람들을 혼란시키며 잘못된 길로 이끌고 거짓된 안정감을 제공한다. 그 체계 밖에 있는 사람들은 종교 전반으로부터 경멸당하고 종종 쫓겨났다.

〈표 A.3〉 **바리새인의 방법**

율법주의	결 과
외적인 정결	내적인 불결(마 33:27)
다른 사람들에게 기준을 강요함	문화적으로는 스승을 닮아 가지만, 영적으로는 스승들보다 더 나빠짐(마 23:15)
절대적인 진리와 사랑보다 전통 있는 문화적 전통들을 존중함	영적으로 죽은 시민 사회

예수님의 방법은 사람에 초점을 맞춘다. 그 결과 사람들과 그들이 살고 있는 문화에 강한 영향력을 끼친다. 바리새인의 방법은 전통적인 문화에 외면적으로 복종하는 데 집중한다. 그 결과 사람들은 훌륭해 보이고, 문화는 강한 영향을 받지만, 진정한 영적 성장은 이루어지지 않는다. 사실, 바리새인의 방법은 아무런 방법도 갖지 않는 것보다 더 나쁠 수 있다. 대부분의 사람들이 그 방법을 단념하지 않으려 하기 때문이다. 예수님은 바리새인들을 가리켜 소경이 되어 소경을 이끄는 자들이라고 말씀하셨다.

적용

이 성경적 패러다임은 설교와 가르침에 영향력을 미칠 것이다. 또한 교회와 다른 기독교 기관들이 조직되는 방식에 영향력을 미칠 것이다. 행동의 기준은 중요하다. 그러나 그 체계 안에 있는 사람들에게 이런 기준이 거룩을 위한 진정한 시험이라고 가르치기보다는 아무런 기준도 강요하지 않는 편이 더 나을 수 있다. 어떤 기관이 기준을 가져서는 안 된다는 말이 아니다. 각 기관은 기준을 가져야만 한다. 그러나 '기독교적'이라고 부르기 위해서는 그 기준이 명확하게 성경적 교훈에서 벗어나지 않아야 한다. 그런 교훈들은 그렇게 많지 않다. 그런 기준들은 두 가지 위대한 계명으로부터 파생되어 나와야만 한다. 이 두 가지 계명이 전체 도덕법을 지탱하기 때문이다. 또한 이런 기준을 외면적으로 지키는 것만으로는 결코 거룩해지거나 하나님의 뜻에 합당한 사람이 되지 못한다는 사실 또한 명확하게 인식해야만 한다.

사랑의 법과 관련된 기준은 존경이다. 사람들은 하나님과 다른 사람을 존경해야 한다. 아무렇지 않게 하나님의 이름을 헛되이 사용하는 사람은 하나님을 합당하게 존경하는 것이 아니라 그 사람의 영적인 미성숙이나 하나님을 향한 사랑이 부족함을 나타내고 있는 것이다. 다른 사람의 거짓 소문을 퍼트리는 사람은 그 사람을 존경하거나 사랑하는 것이 아니다. 간음, 도둑질, 불순종과 같은 다른 명백한 명령들에도 동일한 평가가 내려질 수 있다. 권위의 자리에 있는 사람이 문제를 다루는 방식 또한 사랑에 기초를 두어야 한다.

여기서 한 가지 경고를 해야만 하겠다. 고착화된 전통들은 저항하지 않으면 없어지지 않을 것이다. 예수님께서는 바리새인들을 격노하게 하셨다. 그들의 전통을 존중하시지 않았기 때문이다.

오늘날 많은 사람들은 자신의 전통이 존중받지 못할 때, 격노하게 될 것이다. 반대로 만약 우리가 현상 유지를 뒤흔들지 않는 입장을 취한다면, 새로운 성도들을 잘못 이끌어 갈 위험에 처할 것이다. 그들은 자신이 모든 전통적 기준을 지키고 있기 때문에 하나님과의 관계가 '괜찮다' 고 착각하거나, 확립된 전통을 지키지 않았다는 불필요한 죄책감을 갖게 될 것이다. 무엇보다도 나쁜 것은, 하나님과 이웃을 사랑하는 방법을 배우지 못하게 될 것이다. 당신이 영향력을 미치는 영역 안에 있는 사람들이 무책임하게 바리새인의 방법을 행하게 내버려 두는 것은 그들을 정말 사랑하지 않는 것이다.

어쨌든, 해묵은 전통을 유지하고 심지어 존중하는 것은 괜찮다. 이런 전통이 문화에는 의미 있고 긍정적일 수 있다. 그러나 그런 전통을 절대 불변의 도덕적 기준들과 혼동해서는 안 되며, 그런 전통을 지킴으로써 결코 영적인 우월감을 느껴서도 안 된다.

그리스도께서 직접적으로 문화를 변혁시키기 위해 오신 것은 아니다. 그분은 우리 마음을 변화시키러 오셨다. 그리고 우리는 우리 마음속에 임한 하나님의 사랑을 다른 인류에게 전함으로써, 문화에 간접적인 영향을 미치는 것이다.

부록 B

교사와 소그룹 지도자를 위한 지침

　이 책은 고등학생이나 대학생을 위한 한 학기 과정으로 구성되었다. 그러나 이미 윤리학을 가르치고 있거나 자신의 강의노트나 도서들, 음향·영상 매체를 가지고 있는 교사들은 두 학기 과정으로도 손쉽게 조절할 수 있을 것이다. 이 책은 또한 십대나 성인들을 위한 소그룹, 혹은 교회의 청소년 그룹, 혹은 대학생 그룹에서 자유자재로 응용 가능하다.

　이 책은 26장으로 구성되어 있으며, 각 장의 마지막에 과제나 토론을 위한 몇 가지 실제적인 아이디어가 수록되어 있다. 여기서는 각 주제에 관한 내용을 정리했으며 그것을 구체적으로 적용할 수 있도록 구성했다. 교사들은 필요에 따라 빠르게 혹은 느리게 수업을 진행해 갈 수 있다. 또한, 비디오와 그룹 활동, 몇몇 장의 마지막 부분에 제안되어 있는 작은 프로젝트를 활용하여 내용을 더 보강할 수 있다.

　이 책을 학교의 커리큘럼으로 사용하는 분들을 위해 수업 목표를 세우

라. 훌륭한 수업 목표는 학생들이 성취할 수 있는 측정 가능한 목표다. 가르치는 학생들이 시험을 통과하면, 목표는 달성된 것이다. 당신이 적합하다고 생각하는 목표를 자유롭게 활용하라.

　이 책은 두 부분으로 나누어진다. 첫 번째 파트는 윤리학에 관한 성경적이고 철학적인 기초다. 두 번째 파트는 오늘날 우리가 직면하고 있는 쟁점을 다룬다. 몇몇 장에서는 진보적인 관점과 보수적인 관점 모두가 소개되고, 각각의 관점을 비평함으로써 다양한 쟁점에 합당한 성경적 원칙을 적용할 수 있도록 구성했다.

　모든 진실한 성경 교사들의 목표 가운데 하나는 학생들의 지적인 삶이 영적으로 성숙하는 것이어야만 한다. 비록 이 목표는 쉽게 측정되지는 않지만, 교사들은 학생들이 이 목표를 잘 이룰 수 있도록 각 수업에 적합한 성경 본문을 제시해야 한다. 오직 성령님만이 하나님과 그리스도를 향한 믿음을 일으키실 수 있다. 교사들은 성경 본문으로 즉석 시험을 보는 방법도 고려할 수 있다.

　이 책의 일차적인 목적은 성도들이 직면한 도덕적 쟁점을 그리스도인의 관점으로 비판적으로 생각하도록 격려하는 것이다.

　이 책의 내용은 비록 축약되어 있지만 논리정연하고 빈틈없다. 이 과정에서 독자들은 이 책의 일차적인 목표가 기독교 윤리학을 소개하는 것이지 전문적으로 그 주제를 낱낱이 연구하는 것이 아니라는 사실을 이해해야만 한다.

서론적 질문

학교에서든 가정이나 교회 그룹에서든 상관없이 주제를 다루기 전에 사람들의 관심을 끄는 것이 중요하다. 아래에 이 책에 수록된 각 장에 부합되는 질문을 소개한다. 이 질문들은 각 주제를 배우기 전에 흥미를 일으키고자 구체적인 주제들에 관한 비판적인 생각을 유도하기 위해 구성되었다. 아래에 소개하는 질문들은 소그룹이나 학생들이 토론하는 데 중요한 시동장치스타터가 될 수 있다.

1. **하나님의 본성.** 하나님은 하나님도 들어올릴 수 없는 아주 큰 바위를 만드실 수 있는가? 어떻게 유한한 존재가 무한한 존재를 파악할 수 있는가?
2. **도덕성의 본질.** 하나님께서 인간을 위해 무엇이 옳고 그른지 결정하셨는가? 혹은 이런 것들은 하나님의 본성의 일부분인가?
3. **구약 율법.** 왜 그리스도인들은 구약의 특정 부분만을 자신에게 적용 가능한 것으로 간주하는가? 성경의 특정한 부분만을 뽑아 선택하고 다른 부분을 배제하는 것은 잘못 아닌가? 성경의 모든 부분이 똑같이 중요한 것 아닌가?
4. **율법의 핵심.** 성경에 기록된 계명 중에서 무엇이 가장 중요한 계명인가?
5. **상대주의적 윤리관.** 도덕성옳고 그름은 시간과 문화에 따라 변하는가?
6. **절대주의적 윤리관 1.** 도덕성과 관련하여 자신의 기준만이 절대적

부록 B **211**

인 기준이라고 생각하는 것은 오만한 생각 아닌가?

7. **절대주의적 윤리관 2.** 오만한 자로 비치지 않으면서 사람들에게 도덕의 절대성을 주장할 수 있는 방법은 무엇인가?

8. **쟁점들에 직면하라.** 세상에는 사람들의 관심을 끄는 아주 많은 윤리적 쟁점들이 존재한다. 구체적인 쟁점을 다루기 전에 사랑의 원칙이 다른 도덕적 딜레마와 시나리오에 어떻게 폭넓게 적용될 수 있는지 고려해 보라.

   적록색맹인 사람에게 빨간 장미의 색깔을 어떻게 설명해 줄 수 있겠는가? 이 장을 시작하기 전에 서너 명씩 그룹을 만들고, 어떻게 장미를 설명할 것인지 계획을 세워 보라. 당신이 속한 그룹과 다른 그룹이 수립한 계획을 비교해 보라. 어떤 것이 최선의 아이디어인가? 적록색맹인 사람에게 빨간 장미의 색깔을 설명하는 것이 어려운 이유는 무엇인가?

9. **거짓말.** 거짓말하는 것이 사랑하는 것이 될 수 있는가? 거짓말하는 것이 어떻게 사랑하지 않는 것인지 예를 생각해 보라.

10. **부정행위.** 어떤 사람이 부정행위를 할 때 진정한 희생자는 누구인가?

11. **도둑질.** 사랑하는 사람을 먹이기 위해 도둑질을 해본 적이 있는가?

12. **시민 불복종.** 우리는 인간의 법을 어길 때마다 하나님께 용서를 구해야만 하는가? 다른 말로 하면, 어쨌든 인간의 법을 어기는 것은 도덕적으로 허용되는가?

13. **경제적 불공평.** 예수님께서 네 이웃을 사랑하라고 말씀하셨을 때, 낮

선 가난한 사람을 도와야만 한다는 걸 의미하셨다고 생각하는가?

　　세상에는 가난한 사람들이 아주 많이 있지만, 그 어떤 개인이나 교회도 혼자서는 모든 사람을 도울 수 없다. 교회는 가난한 사람들 중에 어떤 그룹을 우선적으로 도와야만 하는가? 교회가 있는 마을의 노숙자들인가? 합리적인 삶의 기준을 유지할 여유가 없는 지역의 근로자 가족들인가? 다른 나라에 사는 가난한 사람들인가? 아니면 또 다른 어떤 그룹인가?

14. **동성애.** 왜 동성애와 관련된 논쟁이 정치와 교회와 미디어의 집중 조명을 받게 되었는가? 여러 해 전에는 사람들이 공개적으로 이야기하기조차 꺼려 했는데.

15. **이성애.** 다방면에서 성적 이미지들의 공격을 받게 될 때, 우리는 성적인 욕망을 얼마나 잘 통제할 수 있는가?

16. **포르노그래피.** 어떤 사람이 오늘 5만 달러짜리 수표를 받는 것과 한 해 동안 매주 52주간 동안 5천 달러짜리 수표를 받는 것 중 선택해야 했다고 상상해 보라. 당신은 어떤 쪽을 선택하겠는가? 지성을 갖춘 대부분의 사람은 26만 달러를 받게 되는 후자를 선택할 것이다. 대부분의 사람들은 조금만 기다리면 훨씬 많은 것을 얻을 수 있다는 사실을 이해하기 때문이다. 그렇다면 왜 성적인 부분에 있어서는 사람들이 현재의 더 작은 만족을 위해 미래에 얻을 수 있는 더 나은 것을 기꺼이 포기하려고 하는가?

17. **결혼과 이혼.** 이혼 당사자들보다도 어린 자녀들에게 이혼이 더 힘든 이유는 무엇인가?

18. **자연과 환경.** 환경을 지키는 문제에 "네 이웃을 사랑하라."는 원칙을 어떻게 적용할 수 있는가?
19. **윤리학과 정치학.** 도덕적인 쟁점은 정치계에서 사라져야 하는가? 왜 그런가? 혹은 왜 그러면 안 되는가?
20. **낙태.** 당신의 딸이 고등학생 시절에 임신을 하게 되었다면 어떤 느낌이 들겠는가? 당신의 허락 없이 낙태를 했다면 어떤 느낌이 들겠는가?
21. **안락사.** 인간은 장기간 기계를 연결하고 병원 침대에 누워 고통하기보다는 빨리 고통 없이 존엄하게 죽을 수 있는 인간의 기본적인 권리를 가지고 있다고 생각하는가?
22. **체세포 복제.** 복제인간과 더불어 사는 세상을 상상해 보라. 만약 당신의 여자친구/남자친구 혹은 배우자가 복제인간이고, 원래 '오리지널 인간'은 다른 어느 곳에 여전히 살아 있다는 사실을 알게 된다면 당신의 여자친구/남자친구 혹은 배우자에 대해 어떤 느낌이 들겠는가?
23. **줄기세포 연구와 다른 생물의학적 쟁점들.** 생명을 위협하는 질병으로 고생하는 사람들을 돕기 위해 인간 배아를 파괴하는 것은 사랑하는 것인가 사랑하지 않는 것인가?
24. **사형제도.** "네 이웃을 사랑하라."는 원칙을 범죄자에게 어떻게 적용해야 하는가?
25. **전쟁.** 당신의 나라와 전쟁 중에 있는 적대 국가에 사는 시민들에게 "네 이웃을 사랑하라."는 원칙을 어떻게 적용할 수 있는가?

26. **중독.** 약물을 사용하여 자신의 육체를 학대하는 사람에게 "네 이웃을 사랑하라."는 원칙은 어떻게 적용되는가?

교사들을 위한 더 많은 도움거리

기독교 윤리학 공부를 단 한 학기에 마무리할 수는 없다. 이 책 한 권만으로는 교사들이 개인적으로 연구하고 훈련하기에 충분하지 않다. 교사들이 다른 자료들을 통해 보다 깊은 정보를 손쉽게 얻을 수 있도록, 이 책 전반에 걸쳐 각주를 달아 두었다. 당신이 이 책에서 다루는 내용에 익숙해질수록 가르치는 학생들에게 보다 잘 전달하게 될 것이고, 아울러 학생들 역시 다른 사람에게 그 내용을 잘 전달하게 될 것이다. 다음에 소개하는 도서와 자료의 목록은 이 과정을 가르치는 교사들에게 도움이 될 것이다.

- Copan, Paul, *True for You, but Not for Me*. Minneapolis: Bethany, 1998.
- The Critical Thinking Community. www.criticalthinking.org.
- Focus on the Family. www.family.org.
- 노먼 가이슬러, 『기독교 윤리학』 기독교문서선교회, 2003.
- Geisler, Norman, Josh McDowell. *Love Is Always Right: A Defense of the One Moral Absolute*. Nashville: Word, 1996.

· C. S. 루이스, 『인간 폐지』, 홍성사, 2006.

· C. S. 루이스, 『순전한 기독교』, 홍성사, 2005.

· McDowell, Josh, *Beyond Belief to Convictions*, Wheaton, Ill.: Tyndale, 2002.

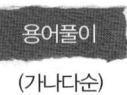
용어풀이
(가나다순)

관용 tolerance _ 다른 사람의 확신이나 삶의 선택에 동의하지는 않더라도, 법의 테두리 안에서 그 사람이 자신의 선택과 확신에 따라 살아가는 것을 기꺼이 허용하는 것.

도덕률 폐기론 antinomianism _ 어떤 권위도 인정하기를 거부하거나 절대적인 도덕적 진리를 거부하는 윤리관, 무법한 상태.

도덕적 상대주의 moral relativism _ 진리에 대한 믿음은 아무런 객관적 기초를 가지고 있지 않다고 간주하며, 옳고 그름은 시대에 따라, 문화에 따라, 사람에 따라 다양할 수 있다고 말하는 신념.

도덕 절대론 moral absolutism _ 옳거나 그른 것은 모든 문화와 시대와 사람에게 적용된다는 관점.

차등적 절대주의 graded absolutism _ 때때로 절대불변의 기준들이 서로 충돌한다는 사실을 인정하며, 그럴 경우 가장 우선하는 기준을 선택해야 한다는 윤리관.

무모순의 원리 혹은 비모순율, law of noncontradiction _ 논리학에서, 서로 반대되는 견해는 양쪽이 모두 동시에 혹은 같은 의미로 진실일 수 없다는 원리, 진실인 것의 반대는 거짓이다.

무신론 atheism _ 하나님의 존재를 부인하는 세계관.

무한성 infinite _ 한계나 제한이 없음.

범신론 pantheism _ 모든 것이 신이고, 신이 모든 것이라고 말하는 세계관. 우주가 신이다.

변증학 apologetics _ 기독교 신앙에 대한 이성적인 답변, 그리스도인의 세계관이나 종교적 확신에 의거한 답변.

상충적 절대주의 conflicting absolutism _ 때때로 절대불변의 기준들이 서로 충돌한다는 것을 인정하며 그럴 경우, 두 가지 악행 중 덜 악한 쪽을 선택해야 한다는 윤리관.

상황주의 situationism _ 사랑을 유일한 절대불변의 도덕적 진리로 인정하는 윤리관. 모든 윤리적 딜레마는 주어진 상황에서 무엇이 가장 사랑하는 행동인지를 판단함으로써 결정될 수 있다.

생명의 존엄성 원칙 sanctity-of-life principle _ 인간의 생명은 하나님께서 창조하셨고 하나님의 형상을 지니고 있기 때문에 가치 있다는 개념.

세계관 worldview _ 한 사람이 특별히 철학적이거나 종교적인 시각으로 세계를 인식하는 관점.

신성 deity _ 가짜 신이든 진짜 하나님이든 간에 신성한 존재로 찬양받는 것.

영감 inspiration _ 신학에서, 선지자와 사도들이 말씀을 기록할 때 그것이 진리라는 것을 증거하기 위해 하나님께서 역사하신 행위.

유신론 theism _ 우주를 창조하신 인격적이고 무한한 하나님을 인정하는 세계관.

유한성 finite _ 한계나 제한을 가지고 있음, 존재 안에 제한됨.

윤리학 ethics _ 행동의 옳고 그름을 판단하는 기준을 연구하는 학문.

이성적인 rational _ 논리적으로 생각하거나 명확하게 생각할 수 있는, 합리적인 혹은 분별 있는.

일반주의 generalism _ 일반적인 규칙과 지침을 인정하지만, 절대불변의 기준은 존재하지 않는다는 윤리관. 일반적인 규범은 사회에서 다수결로 결정된다.

절대적인 진리 absolute truth _ 모든 사람에게 언제나 진리인 것, 진리가 고정되어 있거나 변하지 않는다고 보는 견해. 진리 항목도 보라.

진리 truth _ 사실에 부합하는 것. '있는 그대로를 말하는 것.'

철학 philosophy _ 삶의 의미나 윤리에 대한 인간의 생각을 연구하는 학문.

하나님의 주권 원칙 sovereignty-of-God principle _ 하나님이 우주를 통치하신다는 개념. 윤리학에서는 하나님께서 생사의 문제를 다스리실 권리를 가지고 계시다는 인식.

주

1) 이 주제에 관심 있는 사람들을 위한 아주 훌륭한 변증학적인 자료들이 많다. 이 책의 공동저자인 라이언 스너퍼(Ryan P. Snuffer)가 변증학을 보다 전문적으로 다룬 *Truth in Focus* (Longwood, Fla.: Xulon, 2005)나, 노먼 가이슬러(Norman L. Geisler)와 프랭크 튜렉(Frank Turek)이 지은 *I Don't have Enough Faith to Be an Atheist*(Wheaton, Ill.: Crossway, 2004)를 보라.

2) C. S. 루이스, 『순전한 기독교』(홍성사, 2005), 32-33쪽.

3) 딘 해머(Dean Hamer), "Are We Born with a God Gene?", *Charlotte Observer*, 2004년 10월 4일, 17A.

4) C. S. 루이스, 『순전한 기독교』(홍성사, 2005), 32-33쪽.

5) 부록 A에서 그리스도인의 자유라는 개념을 자세히 다룬다.

6) 진리에 대해 더 공부하고 싶은 사람들은 라이언 스너퍼의 *Truth in focus*(Longwood, Fla.: Xulon, 2005)를 보라. 진리에 대한 더 자세한 개론은 노먼 가이슬러의 *Baker Encyclopedia of Christian Apologetics*(Grand Rapids, Mich.: Baker, 1998)를 보라.

7) 노먼 가이슬러, 『기독교 윤리학』(기독교문서선교회, 2003), 44쪽.

8) 위의 책 91쪽.

9) 위의 책 46쪽.

10) 위의 책 55쪽.

11) 위의 책 92쪽.

12) 위의 책 106쪽.

13) Charles Hodge, *Systematic Theology*, 3 vols(Grand Rapids, Mich.: Eerdmans, 1952), 3:439-444.

14) 노먼 가이슬러, 『기독교 윤리학』(기독교문서선교회, 2003), 118쪽.

15) 위의 책 221쪽.

16) 우리가 "동일한 의미에서"(in the same sense)라는 표현을 통해 의미하는 바는 다음의 예를 통해 설명될 수 있다. 존의 친구는 존과 통화하면서 어디에 있는지 묻는다. 존은 자신의 집 앞마당에 서 있다. 만약 존이 그 친구에게 자신이 집안에 있다고 믿게 하려고 의도하며 "집안에 있어."라고 대답한다면 존은 거짓말하고 있는 것이다. 만약 그 친구가 존의 집 옆으로 운전해 가면서 존이 마당에 있는 것을 보게 된다면 그는 존이 거짓말했다고 생각할 것이다. 물론 존은 결백한 것처럼 보이려 이렇게 말할 것이다. "내가 '안에 있어.' 라고 말했던 것은 내가 우리 집 담장 안에 있다는 의미였어." 진리 주장(truth claims)을 검증함에 있어 그 주장이 어떤 "의미"를 지니는지 아는 것은 중요하다.

17) C. S. 루이스, 『인간 폐지』(홍성사, 2006), 105-106쪽.

18) Coalition against Insurance Fraud, "Top Thirteen Insurance Swindlers Enter Insurance Fraud Hall of Shame", http://www.insurancefraud.org/releases_2002.htm(2006년 10월 21일).

19) 미국 인구 조사국, "Income, Poverty, and Health Insurance Coverage in the United States: 2004", http://www.census.gov/hhes/www/poverty/poverty04.html.

20) Jeanne Sahadi, "Number of Millionaires Hits Record", *CNNMoney.com*, http://www.cnn.com/2005/09/28/news/economy/millionaire_survey/ (2005년 9월 28일에 게시).

21) Jeffrey Satinover, *Homosexuality and the Politics of Truth*(Grand Rapids, Mich.: Baker, 1996), 51.

22) Paul Cameron, William Playfair, Stephen Wellum, "The Longevity of Homosexuals: Before and After the AIDS Epidemic", *Omega Journal of Death and Dying 29*, no.3(1994): 249-272.

23) Stanley Kurtz, "*Death of Marriage in Scandinava*", *Boston Globe*, 2004년 3월 10일,

A23.

24) 이 논점에 대한 자세한 설명은 Stephen A. Grunlan, *Marriage and the Family: A Christian Perspective*(Grand Rapids, Mich.: Zondervan, 1984), 146을 보라.

25) 사무엘 테일러 콜리지, 『노수부의 노래』(창조문예사, 2008), 141-142쪽.

26) 노먼 가이슬러, 『기독교 윤리학』(기독교문서선교회, 2003), 398쪽.

27) Wendell Berry, "Christianity and the Survival of Creation", in *Sex, Economy, Freedom, and Community* (New York: Pantheon, 1993), 98.

28) Thomas Aquinas, *Cumma Theologiae*, IIaIIae, xxv, 3(『토마스 아퀴나스의 신학대전』, 삼성출판사, 2006).

29) 위의 책, IaIIae, ci, 6.

30) Norman L. Geisler, Frank Turek, *Legislating Morality: Is It Wise? Is It Legal? Is It Possible?*(Minneapolis: Bethany, 1989).

31) 위의 책 37쪽.

32) 위의 책 37쪽.

33) Paul Kurtz, ed., *Humanist Manifestos I and II*(Buffalo, N.Y.: Prometheus, 1973).

34) C. S. 루이스, 『인간 폐지』(홍성사, 2006), 95-112쪽.

35) 노먼 가이슬러, 『기독교 윤리학』(기독교문서선교회, 2003), 172쪽.

36) 위의 책, 171쪽.

37) 위의 책, 188-189쪽.

38) 위의 책 193쪽.

39) Cathy Lynn Grossman, Bill Nichols, "Some Hope for More Laws; Others Fear Them", *USA Today*, 2006년 1월 18일, 5A.

40) 위의 기사.

41) 올더스 헉슬리, 『멋진 신세계』(문예출판사, 1998), 12쪽

42) *Human Cloning and Human Dignity: The Report of the President's Council on Bioethics* (New York: Bublic Affairs, 2002), 5.

43) 위의 보고서, xxxix.

44) 위의 보고서, xivii.

45) 위의 보고서, lii.

46) 위의 보고서, lvi.

47) Raymond S. Edge, John Randall Groves, *Ethics of Health Care: A Guide for Clinical Practice* (New York: Thomson Delmar Learning, 2006), 313을 보라.

48) 안토니 아탈라(Anthony Atala), 2007년 4월 26일 라이언 P. 스너퍼(Ryan P. Snuffer)와의 토론에서.

49) http://www1.wfubmc.edu/news/NewsArticle.htm?Articleid=1821(2006년 4월 3일에 게시됨).

50) 1996년에 의료보험 이동성 및 책임에 대한 법령(Health Insurance Portability and Accountability Act, HIPPA)으로 알려진 중요한 법률이 통과되었다. 이 법률은 환자들의 프라이버시와 비밀을 더 잘 보장하기 위해 법제화되었다. 고의로 환자의 프라이버시를 침해하는 의료 행위 제공자(health care providers)들은 이제 민·형사상의 처벌을 받는다. HIPAA는 환자들이 건강 기록에 접속하거나 그 기록을 수정할 자격을 보장한다. 이제 의료 행위 제공자들은 환자의 건강 상태에 대해 명확하게 문서화된 설명을 제공해야 한다. 환자들은 의료행위 제공자들과 무슨 정보를 얼마나 많이 공유하게 될지 통제할 수 있다. 의료행위에 관한 추가적인 경상(經常) 비용 때문에 이 법률 제정에 반대하는 목소리도 있었지만 환자의 프라이버시를 보호하는 것이 윤리적으로 중요하다는 사실에 근거해 마침내 이 법률은 통과되었다.

51) 보다 더 자세한 목록은 출애굽기 21-22장과 레위기 20-22장을 보라. 그리고 노먼 가이슬러, 『기독교 윤리학』(기독교문서선교회, 2003), 259쪽도 보라.

52) 위의 책, 286쪽

53) 위의 책, 303-305쪽

54) Robert H. Stein, "Wine-Drinking in New Testament Times", *Christianity Today*, 1975년 6월 20일, 9-11을 보라.

55) 사도신경에서 공회로 번역된 '가톨릭교회'(catholic church)에서 '가톨릭'(catholic)이라는 단어는 로마 가톨릭 교회를 의미하는 것이 아니라 모든 세대에 걸쳐 존재하는 '보편교회'를 의미한다. '가톨릭'(catholic)이라는 단어는 문자적으로 '보편적'이라는 의미를 갖는다.